선생님!
부모상담
이렇게 하세요!

영유아 전담 교사들을 위한
부모상담 기술

선생님!
부모상담 이렇게 하세요!

영유아 전담 교사들을 위한 부모상담 기술

2021년 12월 31일 초판1쇄 발행
2023년 10월 31일 초판2쇄 발행

지은이 | 이호선
교정교열 | 정난진
펴낸이 | 이찬규
펴낸곳 | 북코리아
등록번호 | 제03-01240호
주소 | 13209 경기도 성남시 중원구 사기막골로 45번길 14
       우림2차 A동 1007호
전화 | 02-704-7840
팩스 | 02-704-7848
이메일 | ibookorea@naver.com
홈페이지 | www.북코리아.kr
ISBN | 978-89-6324-837-0 (13370)

값 12,000원

선생님! 부모상담 이렇게 하세요!

영유아 전담 교사들을 위한
부모상담 기술

이호선 지음

북코
리아

서문:
알파 세대의 교사로 산다는 것!

　　2010년 이후 출생자들을 '알파 세대'라 부른다. 코로나 시국에 출생하여 친구 없이 성장하는 첫 세대이자 집단 경험이 없는 세대로 커가고 있는 아이들은 보육시설에서 보내는 시간이 일정치 않게 되면서 적응에 어려움이 더 커지고, 보채는 아이들을 보육시설에 보내야 하는 부모들의 불안 역시 전에 없이 커졌다. 그 가운데 어린이집이나 유치원 등 보육교사들의 역할은 어느 때보다 어렵다.

　　보육교사들이 특히 힘들어하는 영역은 아이들의 넘치는 에너지나 문제행동보다 부모들과의 상담이었다. 시도 때도 없이 오는 카톡과 넘치도록 울리는 전화, 예고 없는 방문 등 부모들을 만나기 전부터 해결해야 할 문제가 많다. 또한 인터넷이 발달하고 대부분의 보육시설에 홈페이지가 구축되면서 민원이 많아진 것도 힘겹다.

　　정기적으로 진행하는 학부모 상담도 절대 쉽지 않다. 예민한 다수의 부모를 온종일 만나고 설명하며, 집에서 볼 수 없는 아이들의 특성을 일일이 설명하고, 때로는 설득도 해야 한다. 오해받는 일도 잦다. 정해진 시간과 공간에서 부모들과의 압축적인 긴장을 견디며 지내는 시간은 상담이 아니라 평가를 받는 듯한 기분이다.

만나야 할 대상도 영유아 부모들만이 아니다. 조부모를 넘어 증조부모가 찾아오는 일도 있으며, 다문화가정의 부모들과 만날 때는 의사소통의 어려움이 추가된다. 특히 고령의 조부모나 소통에 어려움이 있는 부모들과 상담해야 할 경우, 때로는 혼쭐이 나거나 잘못 이해된 내용을 수정하느라 곤란을 겪기도 한다. 그런 날은 원장과의 관계도 만만하지 않다.

아이들을 돌보는 일이 어디 쉽겠는가마는, 생명 사업이고 돌봄이 좋아 시작했던 이 일에 예상치 못한 난관들이 많고, 본연의 업무 이외의 일들을 처리하느라 지치기 일쑤다. 무엇보다 자녀가 귀하고 부모들의 관심이 커지면서 상담 문의가 많아지는 요즘, 부모상담 기술이야말로 보육교사들에게 절실한 주제일 것이다. 이 책은 부모상담을 해야 하는 영유아 전담 교사들의 안타까운 상황을 보고 들으며 시작되었다. 35명의 보육교사를 대상으로 인터뷰를 해가며 이들의 애로사항과 고충을 듣고 나서 필요하고 절실한 내용이 무엇일지 살필 수 있었다.

이 책의 구성은 1장 교사, 부모를 만나다, 2장 영유아 학부모 욕구와 상담 기초자료, 3장 영유아 교사-학부모 관계, 4장 영유아 학부모 상담과 문제 다루기로 구성되어 있다. 1장은 교사의 시선으로 본 부모에 대해 기술하고, 영유아 부모의 속성과 특징을 다루었다. 나아가 영유아 부모의 욕망과 정서 체험도 함께 다루었다. 2장은 영유아 학부모의 심리와 욕구를 알아보고, 영유아 교사의 상담 상황을 살폈다. 이 과정에 사용되는 영유아 부모상담 기초자료들과 교사의 주요 대처방식, 영유아 학부모 상담 서비스의 주요 흐름도 제시했다. 3장은 교사와 학부모의 역할과 협력적 관계를 위한 파트너십을 설명하고, 영유아 교사-부모의 파트너십 척도를 제시했다. 마지막으로 4장은 영유아 상담 과정을 위한 상담방식과 상담에 필요한 교사의 상담역량을 살피고, 영유아 학부모 상담 과정과 기술을 제시했다.

이 책이 현장에서 아이들과 부모들을 위해 애쓰고 수고하는 보육교사들에게 조금이라도 도움이 되기를 바란다. 기꺼이 시간을 내어 인터뷰에 참여해주신 35명의 어린이집과 유치원 교사들에게 감사드린다. 또한 이 책을 쓸 동기를 마련해준 EK 관계자 여러분께도 감사드린다. 새삼 이미 성장한 내 아이들을 기쁨으로 돌봐주었던 서문어린이집 선생님들의 얼굴을 떠올리며 감사를 보낸다.

저자 이호선

CONTENTS

CONTENTS

CONTENTS

1장.

교사,
부모를
만나다

1.
영유아 부모와 교사의 시선

—

교사인 나의 부모 이미지는? 원가족, 그 복합적인 정서 압축물!

부모를 책이라고 가정해보자. 제목과 정의(定意)를 알면 내용이 보이고, 목차를 보면 구조를 알 수 있다. 서문까지 읽어본다면 글쓴이의 생각의 결도 엿볼 기회를 갖게 된다. 제목, 주제 정의, 목차 그리고 서문. 책을 고를 때 살펴보면 좋을 항목들이다. 책은 읽을 수도, 또 읽지 않을 수도 있다. 그러나 누구에게나 부모는 있고, 부모 없는 탄생은 불가능하다. 생명이 공유하는 단어가 바로 '부모'다. 부모를 한 권의 책이라 한다면, 우리는 그 책의 정의, 목차, 서문을 어떻게 쓰게 될까?

누구에게나 있지만, 모두가 다르게 느끼는 '부모'에 대한 여러분의 정의는 무엇인가? 아래에 여러분만의 □를 채워보자.

부모는 [   ]다.

정의(定意)의 사전적 의미는 '말이 지니는 의미내용에 착오가 일어나지 않도록 뚜렷이 정한 절차'나 '의미를 설명하는 문장'이다. 사전적 정의로 따지면 '아버지[父]와 어머니[母]를 합친 말'이고 위키사전대로라면 '한 쌍의 여자와 남자의 생식세포들이 수정 및 착상, 출산의 과정을 통해 새로운 사람이 될 경우, 그 사람(자식)의 입장에서 여자와 남자를 아울러 일컫는 표현'이다.

그러나 감정과 역사, 그리고 핏줄이 이어져 있는 부모에 대한 정의는 단순히 생물학이나 유전학, 인류학, 진화론, 창조론 등 오만가지 이론을 가지고 와도 그 설명이 완벽하거나 만족스럽지 않다. 즉, 부모는 논리를 넘어서며 단어와 철자만으로 충분히 설명되지 않는다. 아리스토텔레스의 『오르가논』에서 말하는 논리적 정의는 숱한 개념과 등위개념에서 의미를 설명하지만, 근원과 존재를 녹여내는 단어 앞에 때로 논리는 촛농처럼 흘

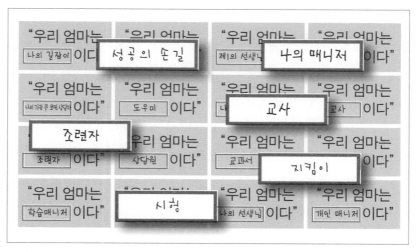

[그림 1] EBS 다큐프라임 「마더쇼크」의 한 장면

출처: https://www.youtube.com/watch?v=RiQTdP7M1Ug&list=PLxMvA_Mg4-iZ352j3eUUaDulxlkP7EbGw

러내린다.

'엄마'를 중심으로 '우리 엄마는 □□이다'라는 말에 단어 넣기를 한 결과를 보면 부모에 대한 사람들의 기대와 평가가 동시에 잘 나타나 있다. 성공의 손길, 나의 길잡이, 제1의 선생님, 나의 매니저, 내 가치를 고민하는 사람, 도우미, 상담원, 조련자, 교과서, 교사, 지킴이, 학습매니저, 시험, 나의 선생님, 개인 매니저 등 엄마에 대한 자기 정의는 서로 다르지만 전체적으로 '돌보고 성장시키는 대상'으로 평가된다.

부모에 대한 이해나 기대가 다양한 이유는 부모에게 기대하고 요청하는 바가 있고, 경험하고 평가하고 다짐하고 기억하게 하는 요소들이 감정과 경험, 그리고 시간 속에 연합되고 재구성된 맥락이 있기 때문이다. 부모에 대한 기대, 즉 '내 부모가 이런 부모였으면' 하는 바람은 불가능한 소망이거나 뒤늦은 후회 같은 아쉬움이 담겨있고, 다른 한편으로 이 바람은 존재의 근원으로 만나게 되는 부모에게 요청하는 당위의 내용이 포함되어 있다. 우리는 이 당위를 '마땅히 ~여야 하는 것'이라고 부른다. 누구나 '부모라면 마땅히 이래야 한다', '부모라면 최소한 이래야 하는 것 아닌가!'라고 말한다. 부모에게는 생명의 근원이자 보호자의 역할로서 요청하는 인류의 당위와 역사적 당위, 가족의 당위와 개인적 당위들이 있다.

부모는 당연히 [＿＿＿＿＿＿＿]해야 한다.

여러분이 생각하는 부모라면 당연히 해야 할 일은 무엇인가? 한번 채워보자. 시간을 두고 천천히 생각해보고, 가능하면 직접 적어보고, 손가락으로 꼽아보자. 그런 다음 내 부모의 역할과 내가 생각하는 부모의 당위적 역할을 비교해보자. 내 부모는 나에게 어떤 사람인가? 기능적 모델인가, 아니면 역기능적 모델인가?

—

내가 부모일 때 갖는 교사의 시선

"현서라고 이름을 지을래요!"

여러분의 아이 이름은 무엇인가? 아이를 낳고 이름을 짓는다면 무엇이라고 지을 것인가? 가장 아름답고 의미 있으며 부르기 쉬우면서도 국제적으로 쉬운 발음을 고르기 위해 고민을 거듭할 것이다. 결국 고민 끝에 작명소로 달려가기도 하는 이유는 최고의 사주까지 고려하자는 부모의 소망 때문이다.

부모를 생각하며 누군가는 때로는 뭉클하고 때로는 안타까우며, 자주 미안하고 무척 고마운 존재일 수 있다. 그리고 누군가는 비참하고 원망스러우며, 한심하고 고통스러울 수 있다. 무감각할 수도, 때로는 넘치는 감정 휘몰이를 할 수도 있다. 그러한 감정은 대부분 내 부모에게 느끼는 감정과 기억에서 온 것이다.

내가 부모일 때는 어떠할까? 막상 내가 부모일 때를 생각해보면, 나의 부모에게 요청했던 요소들보다는 좀 더 관대해지기 쉽다. 내 부모에게 요청했던 바대로 나는 내 아이들에게 하고 있는가, 혹은 할 수 있는가? 이런 고민스런 질문에 대부분의 사람은 나의 부모에 대해 재평가하는 경우가 많다. 내가 부모가 되었다는 것, 그리고 부모의 역할을 해나간다는 것 이 두 가지는 대개 단계별로 상대 평가된다. 먼저 다른 이상적인 부모 혹은 또래 부모들 간의 평균값을 중심으로 나의 부모 됨을 평가하는 것이다. 내가 알고 있는 현 시점에서 부모 역할의 주요 그림들과 나의 역할을 수평 비교하며 부모로서의 자기평가를 진행한다. 두 번째는 내 부모 역할과 지금의 내가 하고 있는 부모 역할을 수직 비교하며 부모로서의 평가를 진행하는 방식이다.

수평적 평가와 수직적 평가, 곧 사회적 평가와 역사적 평가를 통해

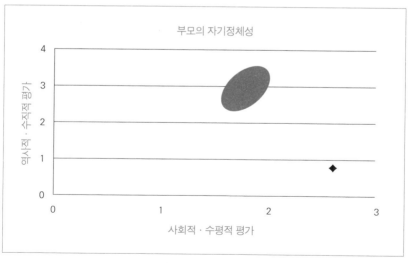

[그림 2] 부모의 자기정체성

대부분 부모는 자기정체성을 형성하게 된다. 그리고 몇 번의 수직적·수평적 평가를 통해 대개 자신의 역할과 기능에 대해 관대해지거나 더욱 엄격해지며 다시금 안정성과 부모로서의 성장을 도모한다.

교사의 눈으로 부모를 볼 때: 가장 부담스러운 이름, 부모

"여보세요? 민지 엄마인데요, 선생님이세요?"

내 부모를 볼 때와 내가 부모로서 나를 볼 때가 다르다. 그리고 교사인 내가 만나고 평가하는 부모는 또 다른 존재다. 교사가 만나는 부모는 객관적 관찰의 대상이자 평가의 대상이고, 동시에 평가의 객체가 되기도 한다. 아동의 부모를 만나는 일은 내 부모를 대하거나, 내가 부모로서 스스로를 바라보는 것과 달리 기관에서 관리해야 할 '고객'으로서 만나고 내가 돌보는 아동의 주 보호자인 '학부모'로서 만나기 때문이다.

담당 아동의 엄마에게서 전화가 오기라도 하면 반갑기보다 긴장되고, 긴장을 넘어 땀이 나며, 심장을 부여잡고 있어야 하는 상황도 있다. 누가 나 대신 전화 좀 받아주었으면 하는 순간이다. 아동의 부모는 매우 반가운 존재임과 동시에 매우 부담스러운 존재이며, 반드시 만나야 하는 대상이자 피할 수 있다면 피하고 싶은 대상이다. 부모를 만나지 않고 아동의 발달과 교육을 촉진할 수 없고, 아동의 발달과 성장에 가장 중요한 환경으

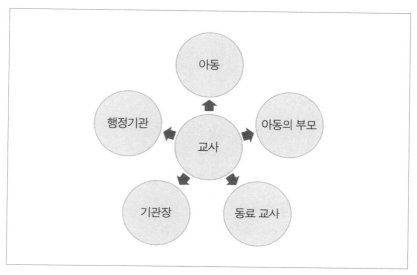

[그림 3] 교사를 둘러싼 주요 관계환경

로 작용하고 있는 것이 바로 부모이기 때문이다. 특히 생업으로서 교사에게 부모는 또 하나의 업무이기도 하다. 아동과의 관계, 부모와의 관계, 소속 동료 교사들과 기관장과의 관계, 행정기관과의 관계 등 매우 복잡한 관계 속에 역동은 다양하게 일어난다. 아동이나 아동의 부모, 동료 교사, 기관장, 행정기관 모두 파트너십 관계이지만, 파트너십은 맥락과 역동에 따라 그 색깔이나 유연성이 달라지기도 한다.

　가장 일상적인 대면 관계는 아동, 동료 교사, 기관장이며, 간헐적 대면 관계는 아동의 부모와 행정기관으로 나눌 수 있다. 대면 관계가 매일의 업무 영역이라면, 간헐적 대면 관계인 아동의 부모와 행정기관은 평가를 받아야 할 대상이다. 당당함과 자부심의 주제일 수도 있으나 대개는 평가를 받는 입장에서 아동의 부모는 부담과 두려움의 대상이기 쉽다.

—

부모라면서 이럴 수 있습니까?

"부모인데 그럴 수 있나!"

이 말에는 부모가 해야 할 역할과 하지 말아야 할 일들이 있다는 것이 깔려있다. '부모는 어떤 사람인가?'는 곧 '어떤 역할을 해야 하는가?'의 다른 말이다. 부모 역할이란 자녀를 양육하고 지도하는 과정에서 부모와 자녀 간 상호작용을 통해 얻어지는 모든 활동으로, 부모의 역할이 아동의 행복감과 성장에 미치는 영향은 지대하다. 부모 역할은 자녀에게 그대로 반영되어 자녀의 사회화와 건강, 지역사회 적응과 구성화에 이르는 다양한 지원과 모델 역할을 하며, 동시에 행복감과 정신적 · 정서적 안정감 구성에 기여한다.

물론 부모마다 부모 역할에 대해 서로 다른 기준을 가지고 있고, 자녀의 행복에 대한 생각이나 인식도 다르다. 부모 역할은 부모가 처해있는 환경에 따라 상호작용하며, 동시에 지속적으로 변화하기도 한다. 부모들이 생각하는 자녀의 행복은 '자신이 하고 싶은 일을 주도적으로 할 때', '목표를 성취할 때', '원하는 것을 소유하여 욕구가 충족될 때', '만족스런 관계를 맺고 사회적으로 적응할 때' 경험하게 된다고 생각한다.

아동의 성장과 행복감을 촉진하기 위한 부모의 역할은 크게 여섯 가지로 설명할 수 있다. 첫째, 자녀 성장의 관찰자다. 부모는 자녀의 출생 이전부터 건강한 발달에 대한 물리적 · 정서적 지원을 제공하고, 자녀의 변화를 지속적으로 관찰하며 필요한 조치를 해야 한다. 영아기 때는 충분한 영양 섭취와 애착 발달을 위한 양육지원을, 유아기 때는 사회활동을 증가시켜 자기탐색과 환경에 대한 인식강화를 돕고, 학령기에는 사회적 규칙과 흥미 및 또래 관계를 도모할 수 있도록 하고, 청소년기에는 정서적·사회적 성숙을 위한 사회적 요구에 부응하도록 도울 필요가 있다.

둘째, 부모는 사회적 모델로서의 역할을 한다. 딸은 엄마를 보면서 사회적 여성의 역할을, 아들은 아버지를 보면서 사회적 남성의 역할을 숙지한다. 사회적 성인 젠더 역할 외에도 타인과의 접촉과 관계 맺는 방식, 위기 대처법 등 부모는 공동체적 인간으로서의 사회성을 전달한다. 자녀는 부모와 상호작용하며 언어 내면화, 사회적 성숙 등 일반화된 타자 역할을 획득하여 사회구성원이 된다.

셋째, 법적 보호자다. 부모는 보호의무자이며 양육의무자다. 법적으로도 19세 미만의 미성년자녀에 대한 '친권'은 "부모가 미성년자녀를 보호하고 교육하고 그 재산을 관리할 권리와 의무"를 총칭하는데, 이는 신체 및 정신적으로 건강하게 양육해야 할 권리와 의무를 말한다.

넷째, 생존과 학습경험 제공자다. 자녀는 부모를 통해 보호받음과 동시에 생존의 방법을 익히고, 자율적이며 독립적으로 생존할 방법과 대처를 배운다. 더불어 부모는 생존 이상의 공동체 일원으로 살아가기 위해 필요한 일련의 내용을 제공하여 자녀의 생존과 행복감을 높이는 데 기여한다.

다섯째, 자아개념 촉진자다. 자녀의 자아개념은 개인적 차원에서는 용기, 미적 감각, 인내, 관용, 창의, 미래지향, 재능, 지혜 등으로 나타날 수 있고, 집단적 차원으로는 책임, 양육, 이타주의, 공손, 중용, 아량, 직업윤리 등으로 나타날 수 있다. 이 과정에서 개인적 차원에서건 집단적 차원에서건 부모는 통전적으로 자녀의 자아개념 형성에 영향을 미친다.

여섯째, 성취개념 제공자다. 성취 목표 지향성은 성취욕구를 근거로 어떤 과업을 달성하고자 하는 목적이자 활동에서 자신의 유능감을 보여주거나 증진시키려는 바람을 말한다. 성장 과정에서 학습을 포함한 다양한 학습활동에 참여하고, 학습과제를 통해 자신의 능력향상을 추구하며, 다른 학습자들보다 더 나은 학습성과를 기대하기 마련이다. 그 가운데 학습상황에서 지향하는 목표에 따라 학습자의 태도 및 수행이 달라질 수 있는데, 이 과정에 가장 큰 영향을 미치며 성공기대와 성공목표의 기준을 제공하는 사람은 대부분 부모다.

—

부모 됨(parenthood)의 동기를 의심한다

"내가 이러려고 저걸 낳고 미역국을 먹었나!"

자식으로 인해 속상한 엄마들이 습관처럼 하는 말이다. 미역국을 먹자고 아이를 낳은 사람은 없을 것이다. 동서양을 막론하고 부모 노릇이야다 힘들지만, 생애 보람 중 으뜸으로 자식을 꼽는 사람이 많은 걸 보면 부모 됨은 '보람됨'과 유사어라 할 만하다. 통크족(TONK: Two Only No Kid)이나 딩크족(DINK: Double Income No Kid)으로 살겠노라 말하는 사람들도 있지만, 왜 사람들은 굳이 부모가 되려고 할까? 생각보다 부모가 되는 동기는 사람마다 다르고 무척 다양하다.

부모 됨의 동기에 대해 섭리나 노동력 확보, 가계 계승, 삶의 보상, 동반자의 의미로 자녀를 갖고자 한다는 전통적인 생각들이나 사랑과 애정, 자아 확장, 성취감, 성장 욕구 등과 같은 도시화와 산업화 시기 심적 성장 동력 의미로서 부모 됨의 동기도 있다. 라빈에 따르면 부모의 동기유형은 크게 네 가지로 나뉜다.[1] 첫째, 숙명적 동기다. 자녀를 낳는 것은 인간에게 주어진 운명이고, 이 운명에 순응하며 살아야 한다는 종교적 신념에 따라 부모가 되고자 하는 동기다. 둘째, 애정적 동기다. 자녀에 대한 관심과 애정을 표현하고자 하는 애정적 욕구에 근거해 부모가 되고자 하는 경우를 말한다. 셋째, 자기애적 동기다. 자녀를 가짐으로써 성인으로 인정받고, 사회적으로 안정성을 확보했다고 믿게 되며, 성인으로서 자신의 성숙성을 보여주는 기대로 부모가 되는 경우다. 넷째, 도구적 동기다. 이것은 자식이 부모가 채 이루지 못한 꿈을 대신 이루어주거나 손주를 원하는 부모님을 기쁘게 해드리기 위해 부모가 되고자 하는 경우를 말한다.

자녀는 부모 자신의 개인적 제약이나 경제적 부담 등의 부정적인 측면을 갖기도 하지만, 가문 승계나 자녀로부터 얻는 보상 같은 도구적 가치, 부모로서의 사회적 성숙 표현이자 사회적 인력 확보에 기여한다는 사회적 가치, 관계와 양육에서 오는 만족감 같은 정서적이고 관계적인 가치에 기여한다.

이렇듯 부모가 된다는 것은 부모라는 사회적 지위를 획득함과 동시에 생명 탄생의 기쁨과 성취감 경험, 정서적 만족감과 양육과정에서의 즐거움, 가족의 결속과 부모의 자기성장이라는 개인적 의미를 포함한다. 동시에 사회의 전통, 문화, 언어 등을 유지하고 전달하는 역사적이고 사회적 차원의 의미 역시 포함한다. 개인적 차원과 사회적 차원에서 충분히 좋은 부모가 되기 위해 육아 정보 습득이나 부모-자녀 대화법, 자녀의 발달과 심리 이해 및 자녀 특성과 기질에 따른 양육법 습득 등이 도움이 된다.

특히 최근 양성평등의 가치가 확대되고 아버지들의 양육지원이 커지면서 아동의 주 양육자가 어머니에서 아버지로 이동하거나 공동양육자로서의 역할을 하는 경우가 많아지면서 일명 '양육적 아버지'가 등장하고 있다. 따라서 교육제공자인 교사와의 상담 관계도 교사-어머니 상담 상황에서 교사-부모 상담 상황으로 현장의 그림이 달라지고 있다.

—

좋은 부모를 위한 부모문(門)

"열녀문 세우듯 부모문도 필요한 거 아닙니까?"

동의한다. 그러자면 시대의 모범이 될만한 좋은 부모의 기준이 먼저 세워져야 할 것이다. 회초리로 때리고 밤새 눈물로 약 발라주던 감성 부모 시대는 그저 눈만 짓무르고 자책감으로 가득한 부모 시대로 막을 내렸고, 성취를 통해 치맛바람으로 아이의 길을 열어주던 성공 제일 시대도 바지로 갈아입는 시대가 오며 종말을 고했으며, 고래를 춤추게 하던 칭찬 부모 시대도 끝이 났다. 다른 매체로 성장하는 아이들이 살아가는 이 시대는 어떤 부모를 좋은 부모라 말하고 있을까?

2016년 여성가족부가 전국 5대 광역시 거주 부모 1천 명과 초등 4~6학년 자녀 635명을 대상으로 「아이가 바라는, 부모가 말하는 좋은 부모」에 대한 설문을 진행한 바 있다.[2] 조사 결과, 부모와 자녀 모두 '아이의 말을 잘 들어주고, 대화를 많이 하는 부모'가 좋은 부모라 생각했으며 부모의 46.4%, 자녀의 23.6%가 이렇게 응답했다. 이를 위해 부모들은 좋은 부모가 되기 위한 실천으로 '아이의 말을 잘 들어주고 대화를 많이 하기'(31.1%)에 가장 노력하는 것으로 나타났다. '좋은 부모라고 생각하는 정도'에 대한 문항에서는 본인 스스로 좋은 부모라고 생각하는 경우가 31.7%, 그렇지 않다는 경우는 13%, 보통은 55.3%인 것으로 나타났는데, 그렇지 않다고 생각하는 이유로는 '원치 않게 감정적으로 아이를 대할 때가 많아서'(34.0%), '자녀와 함께하거나 집에 있는 시간이 적어서'(20.1%), '물질적으로 충분히 제공해주지 못해서'(17.1%)를 꼽았다. 반면, 부모에 대한 자녀들의 평가는 상당히 높아서 '어머니가 좋은 부모라고 생각한다'라는 응답이 91.9%, 아버지의 경우 87.7%였다!! 놀랍지 않은가! 아이들이 부모를 많이 봐주고 있다.

게리 채프먼에 의하면 자녀의 '감정 그릇'을 채워주는 다섯 가지 요소는 육체적 접촉, 인정하는 말, 함께하는 시간, 선물과 봉사다.[3] 포옹과 키스 이상의 크고 작은 스킨십은 표현의 언어로 작용하고, 칭찬과 격려를 통해 부모의 자부심과 확신을 전달하며, 함께 있는 시간의 기쁨과 해석으로 같이 '있기'보다 같이 '하기'로 시간과 공간의 기억을 만들어가는 것, 자발적이고 강력한 의미 꾸러미인 선물, 이타적 모델링인 봉사를 통해 사회적 감각을 제공하는 과정이 아이들에게 좋은 부모가 될 조건이다.

부모의 '일관성'은 좋은 부모의 필수조건으로 늘 1순위다. 엄격함과 관대함 그 어느 지점에서 부모의 역할을 발견하게 될 아이들 시선에서 부모의 일관성은 예측 가능한 영역을 제공하고, 이 영역에서 아이들은 자신만의 성장점과 숨을 동굴 모두를 찾아낸다. 그럼에도 세부적으로 아이들에게 제공해야 할 발달 목표를 성취하기 위한 노력 역시 필요하다.

2.
영유아 부모의 속성과 특징

> "세상에 부모처럼 이기적인 집단이 없다. 자식을 위해서는 무슨 일이든 한다. 그게 불합리한 일이라도 말이다."

발달 단계별 부모의 역할

"철철이 입히고 틈틈이 돌봅니다."

'철철이'는 계절에 맞는 돌봄을 말하고, '틈틈이'는 부족 없는 육아를 상징한다고 할 수 있다. 부모 역할은 자녀를 보호하고 훈육하고 사회화하여 독립적인 성인으로 성장하여 건강한 사회구성원으로서 살아가도록 돕는 기능이다. 부모가 아이를 완전히 보호하고 지배·통제하는 시기인 영아기와 유아기는 아이 역시 부모를 자신의 일부로 생각하기에 부모-자녀 간 관계의 밀접성이 가장 큰 시기라 할 수 있다. 이후 아동기에 또래 집단과의 접촉이 증가하고 부모와 다른 인간관계를 본격적으로 맺어가며 다양성 경험과 일시적 분리를 수시로 경험하게 된다. 청소년기에 도달하며 부모의 영향권에서 일부 부분적으로 벗어나며 자신만의 심리 영역과 사회적 관계망을 확충하다가 성인이 되면 사회적 신분과 지위로 자신만의 세계를 구현한다.

| 영아기

"신뢰감을 얻게 도와주세요."

영아기에 부모는 아이의 생존을 위한 욕구에 즉각적이고 민감하게 반응하며, 아이와의 일관성 있는 반응행동을 통해 신뢰감을 형성하며, 이 과정에서 아이는 수용적인 반응을 통해 애착 반응을 형성한다. 신생아 시기를 지나 주변 환경에 관심이 생겨나고 6개월쯤 긍정적 감정을 경험하고 활동성이 커지면서 9개월쯤 능동적으로 관계 반응을 하며, 12개월이면 어느 정도 애착이 생겨난다. 18개월 정도면 밀착된 대상에 의지한 채 환경을 탐색해나가고, 36개월이면 대상영속성을 획득하고 성인과의 관계를 새롭게 정립해나간다. 대상영속성이란 유아가 자신의 눈앞에서 대상이 사라지면 그 존재 자체가 완전히 사라졌다고 여기는 단계를 지나 그 대상이 어딘가에 꼭 있을 것이라는 생각을 하게 되는 상태를 말한다. 이 시기 부모는 보육자이자 보호자로서의 역할을 하며, 기본적인 신뢰감 형성을 위한 조력자로 기능한다. 충분히 다양한 자극 제공자로서 역할을 하여 감각 발달에 집중하고, 자율성 발달과 필요한 학습경험 제공에 주의를 기울여야 한다.

| 유아기

> "시행착오를 겪을 수 있도록 해야 자율감을 얻어요. 습관을 만들어가며 주도성도 키워주세요."

유아기는 18개월에서 만 7세 정도까지의 시기로, 언어와 인지 능력이 폭발적으로 증가하고 기본 생활 습관이 습득되며 호기심이 많아져 질문 박사가 되고 부모로부터 일정 시간 떨어져 자율성을 획득해가며 자아를 구축한다. 놀이를 통해 주변 탐색과 실험을 감행하며 가끔씩 공격도 시도하고, 또래와의 관계를 통해 친사회적 행동을 배우고 잘못했을 경우 훈육을 받으며 도덕성이 자리를 잡아간다. 이 시기 부모는 양육자로서 아이가 긍정적인 자아개념을 갖고 사회성을 발달시킬 수 있도록 도와야 한다. 이 시기에는 아이에 대한 통제보다는 자율성을 시험하는 데 방해가 되지 않도록 하는 것이 좋으며, 아동이 호기심을 가지고 접근하게 되면서 장난감 등을 부수는 등 실수를 하더라도 통제를 중심으로 하기보다는 안전한 환경 조성에 애쓸 필요가 있다.

그러나 아직 위험 요소와 해서는 안 되는 행동에 대한 통제력과 지각력이 미숙하기에 옳고 그름을 분명히 하는 과정을 자주 갖고 일관성 있고 분명하게 행동 범위를 제한하도록 도울 필요가 있다. 사고의 폭이 넓어지고 지적 능력이 발달하는 시기이기에 풍부한 학습경험을 제공하고, 스스로 옷을 입고 양말을 신는 등 손과 눈의 협응과 생활의 규칙과 습관 형성을 시작하도록 도우며, 다소 질문이 많더라도 성실하게 답변해주는 인내도 필요하다. 외부 경험이 많아지며 가족원, 어린이집 등 소속이 생겨남과 동시에 자신의 한계도 깨닫게 되는데, 이때 부모는 양육자이자 훈육자로서 자아개념 발달을 촉진하고 자율감에 집중하되 주도성 발달도 돕도록 조력할 필요가 있다.

| 아동기

"어려움을 극복하고 목표에 도달하는 근면감을 키우도록 도와주세요."

아동기에 접어들면서 가정이라는 좁은 울타리를 넘어 초등학교 생활을 시작하여 신체적 · 지적 · 사회적 기술을 습득하는 시기로, 다양한 인간관계를 경험하고 독립적인 행동이 구체화되기 시작한다. 또래 집단을 통해 다양한 행동을 실험하게 되며, 규칙을 지키지 않았을 때 얻게 되는 논리적 결과를 학습하게 된다. 성역할에서는 또래와의 동일시가 나타난다. 다양한 스포츠나 활동에 참여하며 자신감과 적극적 성격 발달이 촉진되기도 한다. 부모는 이 시기 아이들이 가족 이외의 사람들과 보내는 시간이 많아지기에 선생님이나 친구들에 대한 표현능력이나 사교적 활동을 잘 해낼 수 있도록 돕고, 특히 아동의 의견에 귀를 기울일 필요가 있다. 이 시기에 아이의 독립적 선택과 결정에 대해 지지자 역할과 심리적 후원자 역할을 하며 격려자 역할이 강조된다. 이 과정에서 아동은 근면성을 발달시키며 학습경험을 확장시키게 된다.

| 청소년기

"정체성을 찾도록 도와주세요."

이후 청소년기에 들어서면 신체적·성적 성숙이 확연하게 나타나며, 사춘기를 맞아 불안정한 과도기를 경험하게 된다. 외모에 큰 관심을 가지며 지나칠 정도로 이상주의적 태도를 보이기도 하는데, 이 시기 정체성 위기를 잘 넘길 수 있도록 자아개념을 명료하게 해주고 부모-자녀 간 건강한 동일시 과정을 거칠 수 있도록 도와야 한다. 학업성취와 학교 친구들과의 관계가 중요해지며, 이 시기 자녀의 정신적 성장이 눈에 띄게 나타나고, 자녀에 대한 부모의 권위를 재규정하게 된다. 학부모로서 자녀의 적성과 희망을 존중하며, 상담자로서의 역할을 할 필요가 있다. 시기의 특성을 고려하여 이해와 수용, 애정을 포함한 긍정적인 의사소통을 하도록 노력할 필요가 있다.

—
부모의 연령이 다양해졌다: 미혼맘에서 올드맘, 4혼 가정까지

얼마 전 지연이는 어린이집을 그만두었다. 사건이 있었다.

교사: "어머나, 지연이 할머니랑 같이 왔구나!"
지연맘: "저… 저 지연이 엄마입니다. 지연이가 늦둥입니다. 46세에 낳았
으니까요. 좀 놀라셨지요…. 안녕히 계세요."

요즘 어린이집이나 유치원 부모들을 만나면 가끔 놀랄 때가 있다. 젊
다 못해 어린 엄마 혹은 이혼한 엄마가 아이의 손을 잡고 보육시설에 오는
경우가 늘어나고 있다. 또한 손주를 데리고 왔다고 하기에는 지나치게 멋
을 냈고, 엄마라고 하기엔 나이가 있어 보이는 여성이 아이를 데리고 오면
교사들은 또다시 고민에 빠진다. 그러나 곧 아이가 그 여성을 엄마라고 부
르면서 두 사람의 관계는 깔끔하게 정리된다. 그러니 요즘 교사들이 가장
조심할 것은 '넘겨짚기'다. 잘못된 호칭 하나로 모든 관계가 달라질 수 있
다. 그야말로 큰 실례를 하게 되기에 관계 예측은 금물이고, 일방적인 추
측에 따른 호칭은 더욱 조심해야 한다. 연령이나 특성, 가족의 형태 등 부
모들의 특성이 다양해짐에 따라 교사들이 만나고 대해야 하는 환경 역시
달라진다.

　　최근 달라지고 있는 가장 두드러진 특성 중 하나는 부모 고령화다.
최근 결혼이 늦어지고 덩달아 출산도 늦어지면서 일명 '올드맘'이 많아지
고 있다. 30대 후반은 물론 가임기를 훌쩍 넘은 40대 후반에도 출산하는

올드맘들. 심지어 2012년에는 57세 여성이 출산하여 언론에서 인터뷰하는 장면을 본 적이 있다. 2020년 기준이라면 아이는 초등학교에 입학했을 것이고, 동시에 그 엄마는 기초연금을 받고 있을지도 모르겠다. 그렇다 보니 2019년도 기준 유치원 교사 평균연령이 34세이고 교육통계서비스에 나타난 연령별 교원 수를 보면 가장 많은 연령대는 20대이니, 교사들이 만나야 하는 부모 중에는 교사보다 나이가 많은 경우가 점점 많아지고 있다. 부모의 고령화는 교사들 입장에서 전에 없는 관심 주제가 되었다.

고령 부모의 장점은 교사와의 관계에서 좀 더 관대하다는 점, 아이에 대한 신중함이 더 크다는 점 등이다. 단점은 지나치게 염려가 많고 자녀에 대한 관여도가 크다는 점, 교사에 대한 신뢰도가 다소 낮다는 점 등이다. '나이 들어 낳은 아이'에 대한 죄책감과 '나이 더 들기 전에 확보해야 할 독립성'에 대한 조급함 등은 부모들이 교사에 대해서도 복잡한 행동 정서 반응을 보이는 데 영향을 미친다.

둘째, 높은 교육열이다. '아이들은 놀이를 통해 배운다'라고 하지만, 일상이 꼭 그렇지만은 않다. 유아기 자녀의 연령이 높아질수록 부모가 자녀와 놀이를 하면서 시간을 보내기보다는 학습을 위한 시간이나 학원에서 시간을 보내게 하는 경우가 많아진다. 놀이의 경우도 일회성 놀이이거나 놀이 자체가 또 하나의 학습 항목이 되기도 한다. 교육열이 단순히 교육에 보이는 관심을 말하지는 않는다. 우리 사회의 독특한 특성이 문화적으로 반영된 형태라고 할 텐데, '뒷모습 증후군'처럼 과도하거나 왜곡된 교육열은 번아웃 키즈(burn-out kids)를 양산하기도 한다. 어린이집이나 유치원, 학교를 마치면 바로 학원을 돌며 하루해가 저물어야 집에 돌아오는 아이들의 일상은 부모들의 교육열 문화이자 아이들의 일상이 되어 조기교육 붐을 타고 여전히 뜨겁게 달아오르고 있다.

셋째, 부모들의 높은 학력이다. 유아교육 및 보육의 질을 결정하는 가장 중요한 요인 중 하나는 교사다. 유아들의 학습에 직접적인 영향을 미치는 것이 교사이기 때문이다. 현재 우리나라에서 유아 교사의 최저 학력 기준으로 유치원 교사의 경우 전문대졸 이상, 보육교사의 경우 고졸 이상의 학력을 요구한다. 물론 학력이 교육 서비스 질의 수준과 일치하는 것은 아니다. 그러나 최근 대졸 이상의 고학력 부모들이 많아지면서 특수지식 영역으로서 유아교육 영역은 부모들의 공유지식처럼 되었고, 무례한 부모들이 교사를 대하는 방식이나 태도 중 학력을 언급하는 경우들이 잦아졌다.

넷째, 맞벌이 부모나 별거 부모, 한부모, 조손 부모, 다문화 부모, 재혼 부모 등 다양한 가족 형태의 증가다. 최근 복잡해진 사회의 다양한 면모만큼 가족의 형태도 다양해지고 있다. 부모가 맞벌이를 하는 경우 아동이 기관에 맡겨지는 시간이 매우 길어지거나 부모가 올 때까지 자녀를 기관이나 교사가 보호해야 하는 경우가 있다. 한부모 가족의 경우 모계 한부모 가족일 때와 부계 한부모 가족일 때 아동에 대해 요청되는 돌봄과 정서가 서로 조금씩 다르기에 교사와 부모 간 수요 확인과 지원내용이 더욱 구체화될 필요가 있다. 조손가족 역시 세대의 특성과 부모의 분리 상황 등 복잡한 가족의 특성을 충분히 고려할 필요가 있다. 다문화가족이나 재혼가족 역시 언어적 특성과 적응과정에서 발생하는 다양한 역동 관리가 필요하다.

—

영유아 부모와 교사, 닮은 모습 다른 역할

"어린아이들은 교사가 부모 역할도 해야 해요. 밥도 먹이고 오줌을 싸면
바지도 갈아입히고요."

아동의 연령이 어릴수록 부모와 교사의 역할은 대단히 중복적이다.
또한 같은 아동을 중심으로 부모와 교사는 그 시선과 역할, 특징 역시 무
척 다르다. 부모의 역할과 교사의 역할은 분명히 구분되며, 이 역할에 따
라 자신의 정체성과 기능, 그리고 아이와의 애착을 구성한다. 부모와 교사
의 특징과 역할 비교는 크게 기능 영역, 애정 강도, 애착 정도, 합리성, 자
발성, 편애 정도, 책임 영역을 중심으로 상호 비교가 가능하다.

〈표 1〉 부모와 교사의 특징과 역할 비교[4]

	부모	교사
	확산적, 무제한적, 전 생애적	특징적, 제한적, 기한 특정
기능 영역	• 가정책임과 의무 및 양육 전반이 부모의 역할 • 음식물 제공 및 전문적 지도까지 영역 확장 • 부모의 나이, 성숙성과 기능 영역의 관계가 크다.	• 유아와의 관계에서 영역, 기능, 내용이 부모보다 제한적 • 유치원/어린이집, 초등 저학년 교사의 역할은 부모의 역할과 경계가 불투명 • 부모-교사 양자의 특별기능과 능력 요청에 따른 부담감
애정 강도	높음, 연속성	상대적으로 낮음, 비연속성
	• 교사에 비해 애정 강도 높고, 행동빈도 많고, 자주 높은 수준의 애정 표현 • 부모-자녀 관계는 가끔 난폭한 경우라도 깊은 사이	• 부모에 비해 애정 강도 낮고, 행동빈도도 낮음 • 부모보다 덜 친밀, 좀 더 형식적이고 비영속적

	부모	교사
애착정도	**적절한 애착**	**적절한 분리**
	• 긍정적 애착과 부정적 애착 모두를 포함 • 지나치게 빈약한 애착이나 지나친 애착 가능성 • 전 생애에 걸친 애착에 영향	• 초연한 관심으로 이상적 거리 유지하기 • 너무 가까운 거리는 교사의 소진 촉발 • 교사의 사생활 침해와 유아의 사회화 권한 침해 최소화 • 한두 명의 유아에게 교사 편애 발생 최소화 • 한정된 기간 내 애착
합리성	**적절한 비합리성**	**적절한 합리성**
	• 극단적 합리성을 추구하는 무감흥 부모는 아동의 정서적 혼란 초래 • 자기 개입의 깊이와 정도를 고려하고 정서적 감흥 가미 • 부모의 교육 정도와 연관	• 아동의 과업수행 과정을 위한 적절한 합리성 • 합리적 마음과 전문적 정신 • 업무량과 직업만족도의 연결
자발성	**적절한 자발성**	**적절한 의도성**
	• 자녀의 행동성에 대한 지나친 개입은 자녀의 분석 마비 유발 • 자연스럽고 자발적이며 자녀의 부담을 줄이는 태도 • 아동의 출생순서 및 상황에 따른 변수	• 아동의 과업수행계획은 의도와 계획에 따른 과정 • 유아뿐 아니라 부모에게도 대체적인 목표 제공 • 교사의 의도적 행위는 유아/부모 행동에 변화 제공
편애정도	**편애적**	**비편애적**
	• 자녀에 대한 부모의 편파성 • 호의나 총애에 대한 편협성 • 자녀의 욕구를 가장 잘 파악한다고 착각 • 자녀의 장점에 대한 지나친 과장	• 모든 유아에게 공평 • 부모의 자기 자녀 특별관리 거절 • 전문기술과 통찰 사용에 있어 공정 • 한정된 감정의 적절한 분산
책임영역	**자녀 개인**	**전체집단**
	• 교사보다 자녀 복지와 양육을 더 고려 • 자녀의 개인 욕구에 대해 더 민감하게 수용 • 자녀의 문화/윤리 독특성 보호 주장 • 교사들에게 자녀를 위한 일들을 요구할 권리	• 아동 개인보다 집단생활에 더 책임 • 개인지도에 따른 역동 고려 • 집단 지도에 따른 역동 고려 • 부모상담에 따른 역동 고려

—

영유아 부모-교사 간 갈등 원인

"선생이 선생다워야 선생이지!"

"당신 같은 부모 밑에서 크는 애가 불쌍하다!"

위 대화는 실제로 분쟁이 발생했고, 그 분쟁에서 부모와 교사 간에 자주 오갔던 말이다. 마음에 품지만 차마 말하지 못하거나 하지 않았던 말들이 갈등이 폭발하면서 발화된다. 그리고 일단 이러한 공격적인 말들이 입에서 나오면, 다음 상황은 걷잡을 수 없게 된다. 건강하고 효율적인 아동교육을 위해 교사와 부모 간의 유대관계는 매우 중요하다. 그러나 때로는 갈등도 발생하는데, 교사와 부모 간의 갈등관리는 유대관리보다 더 중요하다.

인터뷰를 통해 나타난 교사와 부모 간 갈등의 원인은 다양하다.

① 교사-부모 간 교육관의 차이나 교수 방법, 훈육방침이 서로 충분히 이해되지 못했을 때

② 교사-부모 간 문화적 차이나 육아 경험이 매우 상이할 때

③ 서로 다른 전공 분야에서 갖게 된 교사-부모 간 시각 차이가 클 때

④ 부모가 교사의 방침이나 행동에 대한 불만이 있을 때

⑤ 교사의 자녀 홀대와 무관심을 우려할 때

⑥ 자기 자녀에 대한 편애와 특별지도를 요청할 때

⑦ 교사의 교육활동 이상의 개별요청을 해올 때

⑧ 교사가 다른 아동을 편애하여 자신의 아동이 상대적으로 불이익을 받는다고 생각할 때

⑨ 부모의 경제적 · 사회적 상황에 따른 주제로 자존심이 상했을 때

⑩ 교사가 아동의 학력 우열을 구분했을 때

⑪ 부모 특성에 따라 아동을 차등 대우했을 때

⑫ 부모의 요청이 거절당했다고 생각할 때

⑬ 아동이 잘못된 정보를 제공했을 때

⑭ 부모 혹은 교사가 과도한 표현이나 부적절한 표현을 한 경우

부모의 지나친 요구가 있는 경우, 부모의 오해나 착각에서 기인하는 경우, 교사의 실수에서 갈등이 시작된 경우, 아동의 잘못된 정보 전달 등 교사-부모 간 갈등은 다양하며 그 정도도 매우 다르다. 심한 경우 갈등을 넘어 고소고발에 이르기도 하지만, 대부분의 경우는 적절한 대응을 통해 갈등이 해소된다. 다만, 갈등 해소 과정에서 교사들이 불필요한 사과나 과도한 책임을 지는 경우가 발생하기도 한다.

—

영유아 부모가 원하는 검사 vs. 부모가 받아야 할 검사

"선생님, 우리 아이가 간혹 하루 종일 말을 안 하는데요. 어떤 검사를 해야 할까요?"

"발달검사가 있습니다. 오신 김에 어머니가 받으시면 좋을 검사가 있는 데요. 받아보시겠어요?"
"저는 됐고요. 애가 궁금하다고요."

아이의 발달이 어떠한지, 발달지연이 있는 것은 아닌지 부모들은 촉각을 곤두세운다. 부모들이 아동심리검사를 원하는 이유는 다음과 같다.

- 적성이나 성격을 정확히 알면 아이를 더 잘 이끌어줄 수 있을 것 같아서
- 연령에 맞게 잘 발달하고 있는지 궁금해서
- 부모가 파악하지 못한 아이의 기질, 성격 등을 알고 싶어서
- 적성을 미리 파악하여 진로를 돕기 위해
- 아이가 보이는 행동에 대한 생각과 이유가 궁금해서
- 부모의 양육 방법이 어떤 영향을 끼치고 있는지 알기 원해서

이러한 궁금증과 수요가 있음에도 아이가 출생하여 자라는 동안 병원과 보건소에서 예방접종은 열심히 하지만, 정작 아이를 위한 발달검사는 궁금하면서도 해보지 않는다. 일반적으로 발달검사는 영유아의 행동 및 영역에 따라 다양한 종류가 있고, 가장 대표적으로 전반적 발달검사가 있다. 10년 전까지만 해도 외국에서 번안된 검사지를 사용했지만, 최근 우리 아이들에게 적절한 한국형 검사지들이 많이 나왔다. 영유아 시기 조기에 발달검사를 받고 필요한 경우 적절한 교육 및 치료를 받을 수 있다. 그러면 영유아 시기 아이들을 위한 검사지로는 어떤 것이 있을까? 유아용

검사로는 일반적으로 전반적 발달검사, 유아기질검사, 언어발달검사, 유아 · 아동용 지능검사, 자폐척도검사 및 ADHD 척도검사 등이 있다.[5]

| 전반적 발달검사[6]

- K-CDI: 아동의 발달상태를 측정하는 8개의 하위 발달척도(사회성, 자조행동, 대근육, 소근육, 표현언어, 언어이해, 글자, 숫자) 및 전체적인 발달검사로 유아의 발달정보를 얻을 수 있고, 한눈에 보이는 그래프로 영역별로 어느 발달 단계에 이르렀는지 알 수 있다. 이 검사는 36개월 이후부터 검사가 가능하지만, 17개월 이후부터도 할 수 있다. 부모나 주 양육자, 교사의 관찰로 300문항을 체크하면, 이후 검사 결과를 볼 수 있다.

- DEP: 영아 선별 교육진단검사다. K-CDI와는 다소 다른 검사지로, 주로 영아를 대상으로 한다. 이 검사에서는 6개의 척도로 발달영역이 구분되어 대근육, 소근육, 의사소통, 사회정서, 인지, 기본생활로 구성되어 있다. 매우 느림, 느림, 보통, 빠름, 매우 빠름으로 발달척도를 측정하며, 0세~36개월까지 검사가 가능하다. 영아의 월령에 따라 문항이 다르며, 부모나 주 양육자, 교사의 관찰로 체크하여 검사한다.

- K-ASQ: 발달선별검사다. 병원에서 영유아 건강검진을 할 때 하는 검사로, 의사소통, 대근육운동, 소근육운동, 개인-사회성 영역, 문제해결능력 등을 다루며 4~60개월 영유아를 대상으로 하는 검

사다. 부모의 관찰 및 체크로 진행된다.

- 베일리(Bayley) 영아발달검사: 극소저체중아, 뇌성마비 아동 등의 발달지연을 진단하기 위한 목적으로 하며, 생후 1~42개월 영아를 대상으로 하는 발달검사다. 검사자가 영아와 마주 앉아 질문과 답을 하고, 200문항 정도에 답해야 하는 방식이다. 영아의 다양한 발달상황을 알 수 있으나 영아의 월령이 어리거나 성향에 따라 힘들어하는 경우도 있다.

그 밖에도 캐롤라이나, WISC(웩슬러지능검사-아동용, 성인용), 카우프만 아동지능검사 등이 있다.

| 유아기질검사

- CTI: 유아가 보이는 행동을 규칙성 영역, 접근 회피 영역, 반응 강도 영역, 기분 영역의 5개 측면에서 평가하는 도구다. 평균 검사 시간은 25분 정도이며, 3~5세 아이에게 검사하기 적절하다. 7단계의 평정척도로 유아가 특정 행동을 어느 정도의 빈도로 보이는가를 살펴 이에 대한 평가를 기록하는 방식이다.
- EAS 부모용: 3~7세 유아의 정서성(Emothinality), 활동성(Activity), 사회성(Sociability)을 통해 유아의 기질을 파악하는 도구로, 총 20문항이다. 각 문항은 5점 척도로 점수가 높을수록 부정적 정서, 많은 활동량, 높은 사회성을 의미하며 부모가 평가하도록 되어 있다.

- PTQ: 3~7세 유아의 부모가 자녀의 기질을 파악하도록 개발된 척도다. 활동 수준, 규칙성, 적응성, 접근-철회성, 반응 역치, 반응 강도, 기분 상태, 주의전환성, 주의집중 및 지속성의 9개 범주가 있다. 범주별로 8문항씩 총 72개 문항으로 구성되어 있으며, 부모가 평가하도록 되어 있다.

| 언어발달검사[7]

- SELSI: 영유아 언어발달검사로, 0~36개월 영아를 대상으로 한다. 어휘력이나 문장, 단어, 음운검사를 각각 따로 하는 외국계 검사와 달리 언어 전반적인 것을 측정하는 도구다. 표현언어와 수용언어로 나뉘고, 또한 각각 음운, 화용, 구문, 의미로 영역이 세분화된다. 이 검사로 언어발달에 대한 총체적인 원인 및 향후 치료 방향도 유추할 수 있으며 주 양육자, 교사의 문항 체크를 통해 검사가 이루어진다.
- PRES: 취학 전 아동의 수용언어 및 표현언어 발달검사로 검사영역은 의미론적 언어능력, 즉 언어 인지능력과 구문론적 언어능력-언어학적 지식, 화용론적 언어능력-사회적인 상호작용을 측정하는 검사 도구다. 검사대상 아동과 검사자가 직접 대면하여 검사가 이루어진다.

| 유아 · 아동용 지능검사

* **K-ABC**: 한국판 카우프만 검사. 만 2세 6개월부터 만 12세 5개월
  까지의 아동을 위한 종합지능검사다. 순차처리 · 동시처리 인지와
  능력 정도에 따라 지능을 분류하며, 표현하지 못하는 유아를 고려
  하여 비언어성 척도를 마련하여 언어장애 아동의 지능을 효과적으
  로 평가할 수 있다. 16개 하위검사 중 아동의 연령 및 인지 발달 수
  준에 따라 선택적으로 7~13개를 실시하게 되어 있으며, 좌뇌와 우
  뇌의 기능을 골고루 측정할 수 있는 하위 검사들로 구성되어 있다.[7]
* **K-WPPSI-IV**: 한국 웩슬러 유아지능검사 제4판. 만 2세 6개
  월~7세 7개월 사이 유아의 인지 능력을 임상적으로 평가할 수 있
  도록 개발된 개인 지능검사다. 10개 이상의 소검사들로 구성된 지
  능검사로, 전체 지능 외에 요인 분석에 의해 도출된 다양한 하위
  영역(언어성 vs. 동작성 척도 또는 언어이해, 지각 추리, 작업기억, 처리 속도 척
  도 등)에 대한 지능을 산출하는 방식을 취하고 있다. 검사 시간은
  30분~1시간이다.[8]

| 자폐척도검사 및 ADHD 척도검사[9]

* **CARS, AUCL, E-CLAC**: 출판사마다 조금 다르게 나온 자폐 평정
  척도이며, 각각의 문항에 답하여 자폐 척도를 알 수 있는 검사다.
  자폐 척도 측정은 병원마다, 의사마다 다른 의견을 제시할 수 있

으로 반드시 믿을 수 있는 병원과 의료진에게 진찰을 받는 것이
좋다.

- K-ADHDDS, K-ADHD-SC: ADHD 척도를 검사하는 검사지로
  검사자에 따라, 의료기관에 따라, 유아의 당일 상태에 따라 다르게
  나타날 수 있으므로 믿을 수 있는 병원과 의료진에게 진찰을 받는
  것이 좋다.

보육 현장에서 영유아와 아동의 검사를 요청하는 부모들이 있다. 그
러나 실제 보육교사 중에는 검사도구를 수월하게 사용할 수 있는 경우가
많지 않고, 때로는 전문적인 검사들도 있어 이에 따른 해석 문제 등으로
대부분 검사는 전문가에게 의뢰하는 것이 좋다.

그러나 실제로 부모들이 교사나 기관에서 해주기를 바라는 검사보다
는 부모들 스스로 점검하기 좋은 검사들도 있다. 영유아를 대상으로 하는
검사들에 요청되는 전문성에 비해 좀 더 수월하게 결과를 확인할 수 있는
경우가 많고, 부모들도 검사 후 성찰의 기회로 삼기 좋다. 영유아기 및 아
동기 부모들에게 추천하면 좋을 검사들은 다음과 같다.

| 부모-자녀 관계 검사

- K-PRQ-P: 한국판 부모-자녀 관계 검사지로, 만 2세~만 5세
  11개월 부모 및 양육자를 위한 검사 도구다. 자녀의 타고난 기질(성
  향)을 파악하고 부모의 양육 형태에 따른 애착, 의사소통, 훈육, 관

여도, 양육효능감, 자녀의 만족감, 관계 좌절감 등을 측정한다.[10]

- K-PSI: 한국판 부모 양육 스트레스 검사로, 생후 1개월~만 12세 아동을 둔 부모가 자녀와의 관계에서 경험하는 스트레스 크기를 측정한다. 아동의 특성, 부모의 특성, 가족 맥락과 생활스트레스 사건 등을 중심으로 측정한다. 문항 수는 120문항이며, 소요 시간은 20분 정도다.[11]

| 부모 양육효능감 검사

- K-PET: 한국판 부모 양육효능감 검사로, 만 1~6세 아동을 둔 부모 자신이 인식하는 양육에 대한 심리적 특성을 파악하며 양육에 대한 배우자의 지지 정도를 평가한다. 부모 효능감과 배우자와의 양육 협력 등을 살피며, 총 29문항(부모 영역 15문항, 배우자 영역 14문항)이며, 소요 시간은 약 20분이다.[12]
- PAT: 부모양육태도검사(Parneting Attitude Test: PAT)로, 부모용과 자녀용이 구분되어 있다. 총 43문항으로 구성되어 있고, 부모용은 주로 유아~초등학생 부모들을 위한 도구다. 지지 표현, 합리적 설명, 성취압력, 간섭, 처벌, 감독, 과잉기대, 비일관성 등을 평가한다.

3.
영유아 부모의 욕망 읽기

> "나의 욕망은 산더미 같고, 나의 울음소리는 처절하기만 합니다.
> 그러나 언제나 님은 차가운 거절의 몸짓으로 나를 구원하셨습니다."
>
> – 타고르

영유아기 부모의 심리와 수요

부모의 욕심이 자녀를 망친다지만, 자녀를 바라보며 욕망하지 않는다면 부모라 할 수 없다. 자녀들은 부모를 응시하며 관찰하고 모방한다. 부모의 나침반을 따라가며 부모를 거울삼아 자신을 만들어간다. 그리고 부모는 가장 좋은 것을 주고자 하는 자기욕망과 가장 아름다운 개체로 성장시키고픈 진화적 욕망 그리고 땅을 딛고 있는 현실 앞에 고민한다.

영유아 부모들, 새롭고 경이로운 생명 앞에서 역사적이고 종교적 책임감까지 느끼는 부모들의 가장 큰 고민은 무엇일까? 최근 테크빌 교육(주) 부모공감에서 영유아 4,207명을 대상으로 한 조사에서 영유아 부모들의 가장 큰 고민은 자녀 양육법(38.6%), 올바른 부모 역할(20.7%), 학습지도 및 교육(16.4%), 상호작용(의사소통, 7.2%), 양육 스트레스(5.9%), 수면, 배변, 식습관 및 건강(5.2%)으로 나타났다.

조금 더 구체적으로 영유아 부모가 도움을 받고 싶은 사항에 대해서는 자녀의 감정표현과 정서 조절(34.7%), 학습지도 및 교육(18%), 또래 및 형제 관계(9.9%), 부모 역할 및 양육법(9.7%), 수면, 배변, 식습관 및 건강(9.7%), 발달 및 문제행동(9.6%)으로 나타났다.[13]

이 조사 결과를 보면 부모들의 주요한 욕구를 읽을 수 있다. 첫째, 유능하고 올바른 부모다. 유아기는 사회적 존재로 살아가기 위해 필수적인 사회적 유능감을 형성하는 중요한 시기로, 유아는 부모와의 상호작용을 근간으로 다른 사람과 사회적 관계를 구성한다. 사회적 유능감이 높은 유아는 긍정적인 자아개념을 가지고 또래와 어울리기를 좋아하며 갈등 해결을 더 잘하는 반면, 사회적 유능감이 낮은 유아는 또래나 성인과 관계 형성이 어렵고 사회적인 문제해결에 어려움을 겪는다. 유아의 유능감은 부모의 유능감과 깊은 연결성을 갖는다. 부모 유능감의 한 요인인 부모 효능감은 부모의 자녀 양육과정에서 부모로서 잘해낼 수 있다고 믿는 정도를 말한다. 자신을 긍정적으로 평가하고 자신이 잘할 수 있다고 느끼며 자신의 행동이 효과적이라고 느끼는 부모는 자녀와의 관계에서 긍정적인 영향을 미치는 것으로 나타났다. 부모가 자신의 유능성을 통해 자녀 유능감이 향상되며, 건강한 발달을 촉진한다는 것을 알고 이를 수행하고자 하는 욕구는 긍정적 욕구이자 좋은 부모의 특질이기도 하기에 유능감 욕구는 상위 욕구라 할 만하다.

둘째, 양육기술이 있으며 스트레스가 적은 부모다. 양육 스트레스는 위의 조사에서 크게 나타나지 않았으나 양육 스트레스를 크게 느끼는 부모는 그렇지 않은 부모에 비해 돌봄 죄책감과 부모 역할 죄책감을 크게 느꼈으며 자녀에 대해 거리감, 무관심, 소홀, 대담한 태도를 더 많이 나타낸다. 양육 스트레스가 큰 부모 밑에서 성장한 유아들은 불안정한 정서와 움츠러드는 행동을 보이거나 때로는 공격적이고 자기조절이 어려운 경우가 많이 나타났으며, 부모들은 이 경우 아이에 대한 행동수정 과정에서 빠른 포기를 보인다. 따라서 양육기술은 양육 스트레스를 줄이고 양육의 효율을 높이며, 부모-자녀 간의 관계 질을 향상시키는 데 기여한다. 영유아 부모들이 생각하는 양육기술의 주요 내용은 조사 결과에서 보듯 훈육법과 학습지도, 의사소통기술 및 수면, 배변, 식습관 및 건강관리에 이르는 등 매우 폭넓다.

셋째, 아이의 마음을 읽고 좋은 습관을 형성하는 부모다. 최근 심리학의 대유행으로 자녀의 심리 분석에 대한 관심이 증가하여 자녀의 심정을 헤아리며, 더 공감적이 되고자 하는 부모들의 열망이 커지고 있다. 공감적 부모가 자녀의 인성과 성격의 결을 결정하고, 마음 온도에 영향을 미치며, 어린 시절의 심리적 상처가 평생 트라우마로 남을 수 있다는 개인적 교훈을 바탕으로 자녀의 마음 읽기에 대한 중요성을 생각하는 부모들이 많다. 또한 영유아 자녀를 둔 부모들은 이 시기 습관 형성이 평생을 좌우한다고 생각한다. 동시에 부모들이 아이들에게 자리 잡기를 원하는 습관의 내용은 질서, 예절, 절제, 청결 습관이며, 유아의 연령에 관계없이 정리 정돈 등 질서 습관을 가장 중요하게 생각했다. 특히 건강한 습관은 부모와의 상호작용과 일관성 유지 과정을 통해 형성되고, 자녀는 자신에게 강력한 영향을 미치는 모델의 행동을 관찰하고 모방하며 규칙과 습관을 형성해가기에 부모가 요청하는 습관에는 행동규범, 가치, 도덕성 등 사회화의 핵심적인 주제들이 녹아 내면화된다.

좋은 부모가 되기 위한 건강한 욕구는 자녀들에 대한 양육 건강성을 높일 뿐 아니라 부모의 건강한 양육 습관을 형성하는 과정이기도 하기에 영유아기 부모들의 욕구는 의미 있다. 또한 영유아 부모들의 욕망은 '핵심주제'가 대부분 한두 가지로 집중되기 때문에 부모들의 욕구를 읽어내는 과정은 부모를 만나고 이해하고 문제를 다루고 상담해야 할 교사들에게는 매우 중요한 과정이라 할 수 있다.

영유아 부모들의 부정적 정서 경험 vs. 긍정적 요청 주제

"해보지 않으면 말을 마세요, 이럴 줄 몰랐지요."

부모의 육아 경험은 육아에 대한 기쁨 경험과 더불어 육아 스트레스를 통한 좌절감과 연결되기 쉽다. 부모들의 육아와 관련된 욕구들 이전에는 이미 많은 좌절 경험들이 있었다. 부모들은 다양한 이름으로 육아 스트레스를 경험하게 되는데, 피로감, 무능감, 박탈감, 두려움, 무게감, 부담감, 예기불안 등 그 표현도 다양하다. 때로는 심리적 피로감이 몸으로 경험되면서 스트레스를 잘 파악하지 못하는 두통이나 심장 두근거림 등 신체화 증상으로 나타나기도 한다.

대개 이러한 부정적인 정서 경험은 복합적인 경험에서 발생하는 경우가 많다. 육아 자체의 심리적·신체적 부담, 반복적 가사, 자녀의 까다로운 기질, 공격성, 다른 자녀들과 비교했을 때 내 아이에 대한 실망, 서툰 부모 역할, 어린 시절 내 부모 경험에서 오는 불안감, 경제적 압박감, 이후 발생할 양육과정에서의 걱정 등 끝이 없고 나아질 기미가 보이지 않을 경우 때로는 양육 우울증으로 이어지기도 한다.

육아를 포기하지 않는다면, 대부분 부모는 부족한 것을 메우고 전문가의 도움을 받아가며 좋은 부모가 되고 좋은 육아를 하고 싶어 한다. 무엇보다 자신의 자녀 앞에서 실패를 쉽게 인정하고 싶지는 않다. 육아 코칭을 통해 부모 역할의 변화를 꾀해보고, 날마다 자녀와의 좋은 관계를 꿈꾸며, 좀 더 똑똑하고 야무진 아이로 키우기 위해 방법을 모색한다. 외동이 많은 요즘, 아이의 사회성을 확보하기 위해 관계에도 돈을 쓰고 믿을 만한 교사나 코치를 물색하기도 한다. 썩 괜찮은 부모가 되고 싶은 욕구다. 이를 통해 반응적 부모이자 즐거운 육아를 하고, 적절한 가사도 병행하면서 아이가 예의 바르고 똑똑하며 특별함을 고백하고 싶어 한다. 낯설고 서툰 부모 역할이라도 최선을 다하고자 하고, 상처 없는 유아기를 보내 아이의 평생 정서적 안정을 꾀하고자 하며, 기꺼이 경제적 지원을 하고자 한다. 그리고 아이가 존경을 고백하는 부모가 되고자 한다.

이러한 부모의 욕망은 에이브러햄 매슬로에 의하면 자기 존경의 욕

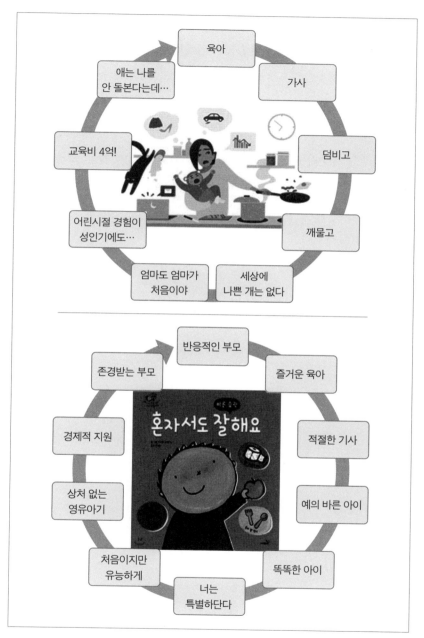

[그림 4] 영유아 부모들의 걱정과 소망

구이며, 단순한 구성원 이상의 존재가 되고자 하는 욕구다. 내적으로는 자존을 구축하고, 외적으로는 자율을 성취하려는 욕구다. 부모로 인정받음과 동시에 '존경받는' '유능한' 부모로서의 심리적이고 실질적인 지위를 확보하기 위한 고투다.

부모는 아이의 마음을 읽고 싶어 하고, 동시에 자신의 역할과 어려움을 누군가 읽어주기 바란다. 교육은 욕망이 발생하고 만나고 동시에 채워지며, 더욱 건강한 욕구가 생겨나는 자리다. 따라서 교사의 지평은 부모의 욕망을 읽는 데서부터 시작될 것이다.

2장.

영유아 학부모 욕구와 상담 기초자료

1.
아이가 어려도 학부모, 서툴러도 부모

> "부모는 멀리 보라 하고 학부모는 앞만 보라 합니다."

영유아 학부모, 도대체 누구인가?

학부모(學父母)는 학생의 부모를 말한다. 말 그대로 배움 중에 있는 자녀를 둔 아버지와 어머니를 통칭하면서 교사는 학생(學生)과 부(父), 모(母), 그리고 학업(學業)까지 두루 아우르는 통합적 돌봄과 성장의 환경제공자로 기능한다. 우리나라 영유아 교육기관은 국·공립과 사립으로 나누어지고, 상당수가 민간 어린이집에 다니고 있다. 사립 영유아 교육기관은 수요자 중심의 재정 구조로 운영되기에 수요자인 학부모의 선택을 받기 위해 교사는 학부모의 요구사항을 최대한 수용하여 맞춤형 서비스를 제공하려고 한다. 이러한 상황에서 교사는 학부모의 눈치를 살피게 되고, 학부모의 요구사항을 만족스럽게 수용하려는 노력은 교사의 감정노동으로 이어진다.[14] 따라서 교사-학부모의 관계는 교사의 감정이 영유아에게 전달되며 다양한 정서로 표출될 수 있다.

대부분 교사들과 부모들은 상호 간에 좋은 관계와 감정을 공유하기를 원한다. 교사-학부모 관계가 부정적으로 형성될 경우, 학부모는 자녀를 걱정하고 교사 역시 자기 역할의 무게를 느끼며 자신도 모르게 아동에 대한 냉담이나 무관심으로 나타날 수 있다. 특히 학부모 입장에서는 교사와의 관계가 자기 아이에게 부정적인 영향을 미칠 수 있다는 생각이 더 클 수 있다. 따라서 대부분의 경우 교사-학부모 간 협력적이고 긍정적인 상호작용을 증가시키고자 하는 의지가 크다. 그러나 때로는 학부모들의 일반적 의지와 반대로 영유아 교육기관의 문턱을 넘으면서 초기 의지와는 다른 요청을 해오기도 한다. 초기에 적응을 어려워하던 아이가 적응을 잘하기 시작하면, 부모는 적응을 넘어 충분히 좋은 교육을 받고 있는가에 신경을 쓰기 시작하고, 시대에 뒤처지거나 또래보다 부족한 아이로 성장할 것에 대한 두려움과 불안이 커지게 된다. 즉, 본격적인 학부모가 된다.

마찬가지로 교사는 영유아의 발달을 돕고 성장에 적극적으로 개입하며, 영유아와 아동에게 필요한 돌봄을 제공하며, 민감한 감정적 상호작용을 구축해야 한다. 관계의 특수성이 생애 발달에 영향을 미치며, 영유아-교사-학부모 관계는 상호 유기적이고 연결성이 크다. 교사는 학부모의 다양한 요구와 인품, 아이의 특성과 발달 수준, 기관장의 요청, 행정처리 등의 압력과 더불어 아이의 학습과 심리, 발달, 진로 및 향후 초등입학과 기타 발달에 필요한 입시에 대한 책임도 지게 되면서 탈진의 늪에 빠지기도 한다.

부모는 멀리 보라 하고 학부모는 앞만 보라 합니다. 부모는 함께 가라 하고 학부모는 앞서 가라 합니다. 부모는 꿈을 꾸라 하고 학부모는 꿈꿀 시간을 주지 않습니다. 당신은 부모입니까? 학부모입니까? 부모의 모습으로 돌아가는 길 참된 교육의 시작입니다.	부모는 멀리 보라 하고 학부모는 성과를 내라 합니다. 부모는 쉬었다 가라 하고 학부모는 당신이 멈추게 했다고 추궁합니다. 부모는 더 자라고 하고 학부모는 잠잘 시간을 주지 않습니다. 당신은 부모입니까? 학부모입니까? 학부모의 심리를 이해하는 길 교사 생활의 시작입니다.
부모와 학부모	교사와 학부모

교사가 경험하는 학부모 감정노동

"원에서는 부모가 갑 중의 갑이에요. 교사는 절대 변명, 해명 이런 거 하면 안 되는 구조로 되어 있어요. 교사의 상황은 상관없어요. 무조건 '최송합니다, 최송합니다'라고 해야 해요. 모든 사안이 다 똑같을 게, 원장님이 그러는 것도 커요."

영유아 교사가 느끼는 직무 스트레스의 가장 큰 요인은 부모다. 그만큼 실질적이고 심리적 갈등으로 부정적 정서를 경험하는 교사들이 많다. 영유아-교사 간 긍정적인 상호작용을 위해 교사, 부모의 협력적 관계도 부각되고 있다. 교사는 부모와 우호적인 관계를 맺기도 하지만, 최근 학부모의 교육 참여와 교육 요청이 증가하면서 갈등의 내용도 다양해지고 갈등의 수위도 높아지고 있다.

부모들의 교육 참여 욕구는 더 커지고, 단순한 교육 참여를 넘어 적극적이고 능동적으로 의사를 표출하거나 전문적인 수준의 요구와 의견을 개진하기도 한다. 교육참여자로서 학부모의 기능 변화와 동시에 교육비를 지불하는 교육수요자이자 교육소비자로서의 권한이 점차 강화되고 있다. 동시에 유아교육기관에서도 학부모를 교육서비스 구매자로 판단하여 소비자 중심의 욕구 충족을 위해 교육과정을 조정하거나 교육수요에 따른 교육 방향을 수정하는 추세다. 특히 불완전한 공교육 체계 속에서 학부모들이 교육서비스 소비자로서 막강한 힘을 가지면서 영유아 교사들은 기관장의 방향과 학부모의 수요를 모두 충족시켜야 하는 심리적 압박을 경험하게 된다.

최근 영유아 교육 종사자들에 대한 주요 연구들에서 나타난 교사들의 어려움은 다음과 같다.

- 학부모와의 관계
- 학부모의 요구사항에 맞춤형 서비스업 종사자처럼 처신하도록 요구받는 것
- 부모의 무관심, 냉담, 회피

- 자녀에 대한 과잉보호에서 오는 요구
- 교사 불신 등으로 경험하는 심리적 갈등
- 지나치게 많은 긍정적 정서 표현

특히 감정노동이 "개인이 속한 기관에서 요구하는 목표를 달성하기 위해 인간관계 속에서 인지되는 장기적·부정적 느낌이나 정서"라고 정의한다면, 교사가 겪는 부모와의 관계는 분노, 좌절, 억울함 등 개인적인 내부 감정을 부정적으로 품고 있으면서도 외부적으로는 밝고 따뜻하게 해야 하고 미소를 지어야 한다는 강박적 당위 안에서 속마음과 완전히 다른 감정을 드러내야 하는 대표적인 직종이고, 특히 사회적 이미지 역시 그렇게 각인되어 있어 심적 부담은 문화적 압력값까지 포함하게 된다. 교육현장이 감정과 정서가 개인적 측면과 관계적 측면, 나아가 문화적 측면까지 포함하는 복잡한 구조 안에서 교사들은 끊임없는 감정부조화를 경험하게 된다.

영유아와 아동 보육교사들의 감정노동은 몇 가지 범주로 나누어진다. 첫째 암묵적인 관습에 대한 수용, 둘째 개인 방어 기제로서 정서 표현, 셋째 기관장 눈치 보기다. 대부분의 조직문화는 조직의 신념, 가치나 태도, 규범이나 관습 등의 문화적 공유점을 가지며 이러한 내용은 개개인의 행동과 사고에 영향을 미치게 된다. 특히 수요자 중심의 재정 구조로 운영되는 기관은 학부모 우대원칙이 있다. 이는 원장의 방침임과 동시에 불가피한 운영 지침이다. 여기에 영유아 교사의 이미지가 갖는 수용성, 따스함, 친절과 부드러움 등이 내재화된 감정 문화로 작용한다. 수요자 중심 교육 서비스 기관에서 요청되는 기계적·의무적 친절은 기업의 CS 방식으로 교육되기도 한다. 둘째로 방어 기제에 따른 개인 정서의 영향도 있다. 명확하고 전문적인 용어 대신 부드럽고 상냥한 말투와 용어를 사용하는 데는 직무교육과 문화적 이미지도 있으나, 다른 한편 교사의 낮은 자존감도 영향을 미칠 수 있다. 수요자 중심 문화에서 교육 서비스 제공자는 수용 의무를 가지고 있어야 한다는 서비스직 종사자들의 업무 강박에서 문제를 일으키거나 문제가 되어서는 안 된다는 생각에 언어표현, 몸짓, 표정까지 필요 이상의 저자세나 자신을 깎아내리는 경우가 있다. 반복적인 행동은 교사의 자존감을 낮추기도 하고, 낮은 자존감이 현장과 만나 고통스런 자존감 수위까지 내려가게 하기도 한다. 세 번째는 기관장의 방침에 따른 과다한 업무나 불필요한 업무도 관계를 유지하거나 눈치를 보는 과정에서 수락하거나 수용해야 하는 입장이어서 교사는 기관장의 눈치를 볼 수밖에 없다.

2.
영유아 학부모의 주요 욕구

> "부모는 멀리 보라 하고 학부모는 앞만 보라 합니다."
> "선생님이 상전이에요. 애 맡긴 사람이 죄인입니다. 사실 나보다 어린데, 뭘 알겠어요? 애도 안 낳아봤잖아요. 그래도 맡겨야 하고, 우리 애는 절대 그런 애가 아닌데 교사가 그걸 몰라요."

―

영유아 학부모가 느끼는 문제점

자녀가 적은 세상, 그리고 정보가 넘치는 세상에서 부모들은 학부모가 되면서 자녀들과의 분리에 대한 걱정과 우려를 과잉보호로 채우기 쉽다. 부모의 과잉보호는 교사들에게 신념의 혼란을 일으키고, 교사의 전문성을 끊임없이 의심받으면서 보육을 수행해야 하는 부담을 경험하기 쉽다. 교사들의 어려움이 크고 특히 부모와 만나서 상담을 하거나 부모의 요청에 반응하는 것에 대해 부담을 가지고 있지만, 교사나 부모 모두 상담이 필요하다.

특히 부모상담의 유형 중 개인 면담은 교사와 부모의 개인적이고 깊이 있는 접촉으로 이루어지기 때문에 교사들은 각 부모의 요구를 자세하게 파악하고 이에 민감하게 반응할 수 있으며, 교사-학부모 간 상호친밀감 및 보육의 신뢰를 증진시킬 수 있다. 또한 부모는 개별상담을 통해 집단에서의 아이의 특징과 부모가 몰랐던 특이성 같은 객관적인 면을 알게 되고, 부모도 교사에게 자녀의 가정 내 생활에 대한 모습과 특성을 알림으로써 교육의 구체성을 높이고 더 정확한 정보를 통해 교육기관과 가정 간의 일관성과 연계성 있는 교육과 효율적 지도를 해나갈 수 있게 된다. 개별면담은 아이의 성취 결과를 보면서 아이에 대한 부모의 시각적 만족을 높이고, 교육기관의 프로그램이나 교육목적에 대한 궁금증을 해소할 수

〈표 2〉 개별상담에 대한 부모들의 인식

문항	비율(%)
어린이집과 가정 간의 일관성 있는 교육을 위해	24.7
교사로부터 자녀에 대한 정보를 얻기 위해	27.2
자녀의 문제행동에 대한 해결방안을 모색하기 위해	15.0
교사에게 가정에서의 자녀에 대한 정보를 제공하기 위해	14.6
교사와 부모의 상호친밀감 및 신뢰성 증진을 위해	14.0
자녀의 어린이집 생활에 대한 부모의 관심도를 높이기 위해	3.0
어린이집 교육에 대한 부모의 의견을 건의하기 위해	0.9

있어 기관 신뢰와 부모의 활동 참여를 독려하는 기능도 한다.

개별상담이 필요한 이유에 대한 부모들의 인식은 〈표 2〉와 같다.[15]

부모들은 교육의 일관성과 정보획득, 문제해결, 자녀 정보 제공, 신뢰 증진 등을 위해 상담을 한다. 나아가 개별상담에 대해 부모들이 만족해하는 항목을 보면 교사에 대한 부모들의 심리수요를 잘 읽을 수 있다.[16]

〈표 3〉 개별상담에 대한 부모들의 만족도

문항	비율(%)
자녀의 발달에 대해 이해할 수 있어서	21.0
교사가 자녀를 잘 파악하고 있어서	18.0
가정과 어린이집 교육과의 연계성이 이루어질 수 있어서	17.3
교사와 부모 간의 신뢰와 존중이 생길 수 있어서	13.7
자녀의 좋은 점(긍정적인 면)을 잘 알려주어서	11.0
자녀의 문제점(부정적인 면)을 잘 알려주어서	9.7
교사가 부모의 의견을 존중하고 수용해서	6.5

부모들의 관심은 자녀를 더 잘 이해하고, 교사의 자녀 파악 정도를 확인하며, 교육의 일관성, 교사와의 신뢰 등의 수요가 충족될 때 개별상담에 만족해했다. 부모의 수요를 읽어낸다면 학부모 관리와 상담 운영에 도움이 될 것이다.

특히 학부모들이 느끼는 영유아 담당 교사들에 대한 문제점은 다음과 같다.

유아에 대한 교사의 정확한 이해 부족	53.0%
상담 참여 시간의 부적합	17.4%
상담에 대한 교사의 전문지식 부족	13.0%
부모상담의 홍보 부족	12.2%
학부모 상담을 불필요하다고 인식	4.3%

학부모들이 느끼는 교사의 특성 중 가장 큰 문제라고 꼽은 것은 유아에 대한 교사의 정확한 이해가 부족하다고 느낀다는 점이다. 특히 학부모 상담을 마친 후 학부모들의 생각을 물은 결과이기에 오히려 상담 후 교사에 대한 교사의 불신이 커지는 경우도 생겨난다. 상담 시간 부족이나 상담에 관한 전문지식 부족, 상담에 대한 홍보 부족 등의 사유가 많지만, 교사들의 전문성에 대한 불신이나 자신의 아이에 대해 오해하고 있다고 느끼는 점 등은 기관 교육과정에서 교사-학부모 신뢰에 심각한 균열을 가져올 수 있다.

전반적으로 민원이 증가하는 추세이기는 하나, 최근 몇 년간 어린이집과 유치원에서 빈번하게 발생하는 민원의 종류는 다음과 같다.[17]

민원이 없을 수는 없지만 교사들은 부모와는 기술적 상담을, 영유아 아동과는 충분한 보육을, 원장과는 원만한 관계를 해야 하는 삼각정서 감옥에서 자기 입장을 정리해야 하는 상황이다. 부모의 기분에 맞추느라 적절한 훈육을 하지 못하고, 방관자나 비전문가처럼 아동을 대해야 하고, 불합리하거나 비논리적이라는 것을 알면서도 모른척하기 쉽기에 교사 자신이나 학부모, 아동, 기관장 누구도 만족시키지 못한다는 좌절의 동심원 속

〈영유아 보육기관 부모들의 주요 민원〉

1. 아이들이 다 사용할 수 없는 용량의 개별용품을 준비해오라고 한다는 횡령 의심 민원

2. 내 자녀에게만 밥이나 간식 등을 조금 주거나 주지 않았다는 민원

3. 오줌을 싸거나 잘못을 했을 때 친구들이 보는 앞에서 공개적으로 망신을 주었다는 민원

4. 유아의 개별 준비물을 보내지 않고 교사에게 알아서 준비해 달라고 요구하는 민원

5. 아이가 아프거나 다쳤는데 제대로 치료하거나 보상하지 않는다는 민원

6. 교사가 아이를 때리거나 밀쳤다는 학대 의심 민원

7. 집 앞까지 차량을 요구하거나, 승차 시간에 늦었는데 기다려주지 않았다는 차량 불만 민원

8. 식단의 질과 양에 대한 불만족 민원

9. 아이를 혼자 두거나 다른 곳에 보내는 타임아웃에 대한 정서적 학대 의심 민원

10. 특별활동을 포함한 별도의 비용이 비싸다는 불만 민원

11. 교사가 자기 자녀를 차별한다는 민원

12. 한글, 영어, 수 등 자녀의 부족한 부분에 대한 개별지도를 요구하는 민원

에 갇히기 쉽다.

교사의 감정에 돌봄과 치유가 필요한 이유는 그들이 진지하게 자신과 상황을 바라보고 불평등한 구조나 관습, 조직문화에서의 불가피한 부조리 속에서도 자신만의 정체성을 찾아야 하기 때문이다. 잠시도 쉴 틈 없는 근무조건, 낮은 보수, 긴 근무시간, 과도한 업무량, 복잡하고 다자적인 인간관계, 기관장과의 관계 조율 등 다중 압박이 보육의 질을 저하시키고 교사를 괴롭힌다.

영유아 학부모가 생각하는 이상적인 상담 형태와 이유

"저는 얼굴을 봐야 말이 통하더라고요. 선생님과 전화를 하면 좀 답답해
요. 어린이집을 직접 보고 애도 어떻게 지내나 보고 싶고요."

학부모들에게 제공되는 상담의 방식은 개별면담, 집단면담, 전화상
담, 메시지, 알림장을 통한 대화 등이 있다. 이 중 학부모들이 가장 선호사
는 방식은 대면상담 중 개별상담이었다. 대면식 개별상담의 경우에는 상
담의 주체가 담임교사, 원장, 상담전문가, 상담전문가 초빙, 상담전문가와
교사의 조합 등이다. 학부모들이 각각의 상담 주체를 선호하는 이유는 다
음과 같다.

① 담임교사에 의한 상담
- 아동을 정확하게 파악
- 담임교사가 최고의 전문가
- 아이와 오랜 시간을 함께 보내는 사람

② 원장(기관장, 시설장)에 의한 상담
- 매우 소수
- 그냥 그분이 나을 것 같아서

③ 심리/상담전문가 초빙에 의한 상담

- 객관적인 의견 청취 가능
- 담임교사는 전문가가 아님
- 보육은 교사가, 상담은 전문가
- 심리검사 결과 직접 청취
- 문제행동에 대한 대처방안
- 신뢰도

④ 심리/상담전문가의 상담을 진행한 후 담임교사와 상담

- 빈틈없는 관리
- 주관이 배제된 신뢰할만한 상담
- 담임교사와 전문가 의견 비교

⑤ 담임교사와 상담 후 심리상담 전문가를 초빙하여 상담

- 기관에서의 생활 파악 후 전문가의 해석 필요
- 부모가 파악한 자녀의 모습과 원에서 나타나는 자녀의 모습 비교 후 전문가와 상담
- 주관적인 담임교사의 평가 후 객관적인 전문가의 의견 청취
- 문제행동은 담임교사와 상의, 심리분석은 전문가로부터 청취

⑥ 담임교사와 심리/상담전문가 동시 상담

- 교사의 평가, 부모 궁금증, 전문가의 판단을 한자리에
- 부모의 관점과 교사의 의견 차이를 전문가의 시각으로 조정

- 담임교사와 전문가가 같이 상담하는 것이 시너지효과
- 아이의 기관 생활과 행동들에 대한 이론적 해석 공유
- 기관에서의 문제행동을 공유하고 전문가의 솔루션 공유
- 아이 행동의 일관적인 공통점 파악

—

영유아 학부모의 주요 욕구에 따른 영유아 교사의 경험과 현실

"우리가 전문상담가는 아니잖아요. 그런 걸 잘하면 저희가 교사 하고 있겠어요?"

학부모의 보육과 상담 요구, 전문성에 대한 요청은 날로 커져가고 있다. 하지만 보육 현장에서 교사들의 현실은 이러한 수요를 감당하기에 녹록지 않다. 교사들의 경우 학부모 개별상담이 대단히 부담스럽고 시간을 잘 지키지 않는 부모를 다루는 일, 체력적 한계 등 어려운 점들이 있다. 부모 개별상담 시 교사들이 가장 어려워하는 점은 예상치 못한 어려운 질문이나 생각의 차이를 포함하여 다양하다.[18]

- 예상치 못한 어려운 질문이나 생각의 차이로 당황스러울 때 46.7%
- 한 부모와의 상담 시간이 예정보다 길어질 때 27.6%
- 하루에 여러 명 진행으로 체력적으로 소진이 커서 12.5%

- 부모와 대화를 나누기가 부담스러워서 9.7%,
- 다음날 수업 준비에 영향을 미쳐서 2.5%

교사가 어려워하는 부분들은 다른 환경적 요인과 맞물려 교사의 개별상담에 고충을 더한다. 부모 개별상담에 대해 현직 교사들이 인식하는 주요 문제점은 다음과 같다.

- 개별상담 준비와 관련된 업무량 증가 24.5%
- 부모의 관심과 참여 부족 17.4%
- 개별상담에 대한 교사의 전문적 능력 부족 15.5%
- 개별상담에 대한 교사 교육 부족 14.7%
- 개별상담에 대한 안내 지침서 부족 11.9%
- 유아에 대한 교사의 정확한 이해 부족 6.1%

부모 개별상담을 실시하는 과정에서 상담 횟수나 시간 결정, 한 아이 당 걸리는 개별상담 시간, 부모와의 상담 시간 조율 등 상담을 위해 고려해야 할 사항이 매우 많다. 이러한 상담 관련 업무량 증가에 부모의 참여는 오히려 적어지고, 막상 학부모들이 상담하러 온 경우에도 상담의 전문적 상담기술이 부족하고 개별상담에 대한 지침도 없으며, 발생 가능한 돌발질문이나 돌발 상황에 대한 대처 매뉴얼조차 없는 실정이다. 대부분의 학부모 상담이 입시와 평가 등 교사들이 가장 바쁜 학기 초에 진행된다는 점, 30분 정도의 짧은 시간 안에 압축적인 정보와 상담을 진행해야 한다는 점도 교사들에게는 매우 큰 고충이다. 특히 학기 초에는 아동의 특성

<표 5> 직무영역에 대한 직무 구분

직무영역	직무 구분
보육활동 준비	보육계획, 교재교구 준비, 환경구성, 수업 준비, 협의
보육활동 실제	놀이, 생활, 아동 상호작용, 활동, 현장학습
보육활동 평가	아동평가, 수업평가, 프로그램 평가
전문성 신장	연수 참여, 참관, 연구 관련 활동, 장학, 전문가 활동
아동 보호 관련 업무	건강, 청결, 안전
학부모 관련 업무	부모와의 연계, 부모상담, 부모교육, 가족 지원
행사 관련 업무	행사 준비, 행사 진행, 행사 마무리
사무 관련 업무	문서작성, 문서관리, 사무관리, 물품관리, 운영관리
시설 관련 업무	안전관리, 기자재관리
대인관계 및 사회적 업무	대인관계, 지역사회와의 관계

출처: 강문숙(2008)

을 정확히 파악하기 힘들고, 소풍이나 부모참관수업, 발표회 등 행사로 교사들이 매우 바쁘며, 새 학기 시작 준비와 원아모집 시기가 겹치는 등 교사들의 컨디션이 가장 좋지 않을 때 학부모를 만나게 되는 셈이다. 영유아 교사들의 직무를 보라.[19]

이처럼 학부모는 사실상 무방비 상태에서 교사를 만나고 있다. 교사로서의 전문성과 상담자로서의 전문적 기술, 그리고 인간적 자질까지 갖추어 상담을 준비하기란 누구에게나 어려운 일이다. 더구나 영유아 상담의 경우 아동이나 청소년 상담과 달리 청소년상담사나 전문상담사 같은 자격을 갖추어야 하는 것이 아니기 때문에 보육 현장의 상담은 전적으로 '불안'과 '우연', 그리고 '경험에 의한 면담 능력'에 의존한다. 막상 보육교사로서 상담 전문기술을 익히고자 해도 전문성을 확보할만한 시간이 절대적으로 부족하고, 상담에 대한 교육이나 재교육은 매우 간단한 연수 정도로 대체되고 있다.

3.
영유아 학부모 상담 시
교사의 주요 상담기초자료

> *"눈으로 보이는 자료가 가장 중요해요. 그래야 원에서도 할 말이 있거든요."*

　　교사는 부모상담이 시작되면 가장 먼저 자료 준비에 나선다. 사실상 부모상담에서 교사의 준비가 상담의 성공 여부에 지대한 영향을 미치기에 기관이나 교사마다 상담 준비를 위한 준비자료와 양식은 다를 수 있으나 부모와의 소통을 원활히 하고 교사의 상담을 원만히 진행하는 데 도움이 된다. 객관적 자료에서 검사자료에 이르기까지 교사가 부모상담을 위해 준비할 수 있는 자료는 가능하면 영유아에 대한 종합적 · 포괄적 평가가 좋으며, 구체적이고 세밀할수록 설득력과 신뢰도를 높일 수 있다.

　　대개 기관에서는 영유아 관련 자료들을 묶어 보관하고 있는데, 개인

자료로는 관찰일기, 부모 설문자료, 아동의 작품, 사진 자료, 생활기록부 및 건강검진이나 심리검사 같은 검사자료 등이 여기에 포함된다. 영유아의 이해를 높이고, 기관의 철저한 영유아 관리의 결과물이기에 교사-학부모 모두에게 상담의 수월성을 높인다. 상담을 진행하는 동안 영유아의 일상생활과 특징, 부모의 양육 태도나 영유아에 대해 궁금한 사항을 일부 적어놓으면 빠짐없이 정보를 나눌 수 있을 뿐 아니라 상담의 효율도 높아진다.[20]

| 관찰기록지

관찰은 모든 관계의 시작이자 보육의 출발점이다. 관찰기록은 영유아가 일상생활 속에서 자연스럽게 활동하는 모습을 교사가 자세히 살피고 이것을 본 대로 기록하는 것을 말한다. 교사가 영유아와 함께 보육시설에서 장시간을 보내며 활동하고 교육하면서 영유아의 생활과 특성 및 적응을 관찰할 수 있는데, 이러한 자연관찰법은 특별한 훈련 없이도 비교적 쉽게 관찰하고 기록이 가능하다. 매일의 관찰이자 장기적 관찰이기에 관찰기록은 영유아의 자연스런 일상을 잘 보여줄 수 있으며, 일상의 연속기록으로 비교적 신뢰할만한 자료가 된다. 관찰기록지는 이러한 관찰의 내용을 적는 양식을 바탕으로 채워진 기록물인데, 기록과 수집 방법으로는 일화기록법이나 표본기록법, 체크리스트법, 시간표집법, 사건표집법, 평정척도법, 사례연구법 등 다양하다. 교사는 의미 있는 사건이 있을 경우 그 사건의 정황 서술과 교사의 의견, 대화 내용 등을 기록해두었다가 상담 시 자료로 활용하면 된다.

영 아 관 찰 일 지

결재	담임	원장

반명		이름		생년월일	2019년 월 일	기록자	○○○ 교사

월		관찰내용
3월	3/11	
	일상생활	
	3/22	
	놀이	
4월	4/2	
	활동	
	4/26	
	일상생활	
5월	5/6	
	놀이	
	5/23	
	활동	
6월	6/9	
	일상생활	
	6/30	
	놀이	
7월	7/4	
	활동	
	7/22	
	일상생활	
8월	8/9	
	놀이	
	8/22	
	활동	

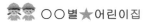 ○○별★어린이집

1학기 영아발달 평가

기본 생활 습관	· · ·
신체 운동 건강	· · ·
의사 소통	· · ·
사회 관계	· · ·
예술 경험	· · ·
자연 탐구	· · ·

부모 개별 면담

일시	2022년 월 일	대상	OOO 어머니	면담자	OOO 교사
부모 의견					
교사 의견					
총평					

🧒🧒 OO별★어린이집

[그림 5] 영아관찰일지 예시

| 행동발달 체크리스트

행동발달 체크리스트는 영유아의 발달상황을 정기적으로 체크하여 영유아의 발달 수준과 발달과정을 파악하기 위해 사용된다. 이 점검표를 기초로 영유아를 이해하고 개별적인 지원과 부모상담의 기초자료로 활용한다. 만 2개월부터 만 5세까지의 영유아 발달을 사회/정서 영역, 언어/의사소통 영역, 인지능력, 운동/신체발달능력, 특이사항들을 점검하여 또래와 비슷한 수준으로 발달하고 있는지, 다음 단계에서 무엇을 해야 하는지를 파악하는 데 용이하다.

| 상담을 위한 부모 설문지

교사는 약속된 상담 전에 부모 설문지를 가정으로 보내 자녀에 대해 궁금증이나 상담 요청 주제를 미리 알리도록 한다. 부모 설문지는 교사가 부모상담 시 상담내용을 어느 정도 예측하도록 도우며, 부모는 설문지를 통해 상담 시 질문한 내용을 생각하고 보육시설에서 아이의 생활과 활동을 파악할 수 있다. 부모 설문지를 통해 짧은 시간 동안 집중적인 상담을 할 수 있고, 원하는 정보를 명확하게 얻을 수 있어 상담의 효율을 높이고 심도 있는 대화로 빠르게 진입할 수 있다.

◆ 영아반 행동발달 체크리스트 ◆

만 2 세 ○○반

영아 행동발달 관찰 기록지

관찰영아 : _____   생년월일 : _____ (남 , 여)

관 찰 자 : _____

관찰일	1회	2회	3회	4회			

영역	내용	1회	2회	3회	4회
신체발달	1. 손이나 난간 틀을 잡고 계단을 오른다.				
	2. 서 있는 자세에서 몸을 굽혀 물건을 집어 올릴 수 있다.				
	3. 양 발을 모으고 제자리에서 높이 점프한다.				
	4. 공을 굴리거나 차려고 하거나 던질 수 있다.				
	5. 작은 의자에 보호자 도움 없이 혼자 앉을 수 있다.				
	6. 사탕이나 바나나의 껍질을 벗길 수 있다.				
	7. 옷에 달린 똑딱 단추를 푼다.				
	8. 뒷걸음질을 할 수 있다.				
	9. 블록으로 2개 이상 잘 쌓을 수 있다.				
	10. 한 번에 두세 장씩 책장을 넘긴다.				
	11. 흔들리는 놀잇감을 타면 몸을 앞뒤로 흔들 수 있다.				
	12. 크레용이나 연필을 손으로 쥐고 긁적거린다.				
	13. 뛰어다니다가 멈추기를 하는 근육조절 능력이 있다.				
	14. 가로 긋기가 가능하다.				
사회정서발달	1. 간단한 집단놀이(박수치기, 춤, 노래 등)에 참여한다.				
	2. '아니', '싫어', '내 거야' 등의 거부적인 언행이 자주 보인다.				
	3. 다른 사람과 함께 협동적으로 놀이를 할 수 있다.				
	4. 자기 것이나 마음에 드는 것에 집착하여 친구들과 다툰다.				
	5. 음악이 나오면 리듬에 맞추어 몸을 움직이거나 흥얼거린다.				
	6. 자신의 감정(사랑, 분노, 슬픔, 즐거움 등)을 동작 또는 언어로 나타낼 수 있다.				
	7. 아동 놀이로 교사의 행동이나 놀이를 흉내 낸다.				
	8. 교사가 자기하고만 있어 주기를 바란다.				
	9. 자기 차례나 순서를 잘 지키지 않는다.				
	10. 위험한 물건 가까이 갔을 때 '안돼'라고 말하면 손을 움추리면서 교사의 지시를 잘 따른다.				
	11. 교사에게 책을 읽어 달라고 건네준다.				
	12. 자기를 돌봐주는 사람과 격리되는 것에 심한 불만을 느낀다.				
	13. 친숙한 사람이 없을 때도 자연스럽게 놀이를 계속한다.				
	14. 다른 사람에게 자랑할 물건을 어린이집에 가져온다.				

영역		내용	1회	2회	3회	4회
기본생활습관		1. 말이나 몸짓을 사용해 화장실 갈 의사를 표시한다.				
		2. 양말을 혼자 벗을 수 있다.				
		3. 단추를 풀어 주었을 때 스스로 외투를 벗을 수 있다.				
		4. 약간 흘리면서 숟가락이나 컵을 사용해서 음식이나 물을 먹을 수 있다.				
		5. 어른의 행동을 모방하여 이를 닦는다.				
		6. 낮 동안에 옷 입은 채로 변을 보기 전에 화장실에 가자고 한다.				
		7. 부모나 선생님의 지시에 따라 인사를 할 수 있다.				
		8. 주전자에서 도움 없이 물을 컵에 붓는다.				
언어발달		1. 간단한 질문(누구, 어디에, 언제 등)에 답할 수 있다.				
		2. "이게 뭐야?"라고 질문할 수 있다.				
		3. 잘못 발성된 소리를 고쳐주면 따라 한다.				
		4. 친근한 것을 가리키며 이름을 말할 수 있다.				
		5. 자신을 가리킬 때 자신의 이름을 사용한다.				
		6. 단어를 듣고 그 말을 발음할 수 있다.				
		7. 동물 소리를 내거나 동물 이름 대신에 그 소리를 사용한다.				
		8. "있다", "없다" 등과 같은 사물의 존재 여부를 확인할 수 있다.				
		9. "멈춰라", "앉아라" 등의 간단한 지시어를 따를 수 있다.				
		10. 그림책 보기와 듣기를 좋아한다.				
		11. 자신의 욕구를 간단한 말로 표현한다.				
인지발달		1. 동물의 소리와 사물의 소리를 흉내낼 수 있다.				
		2. 줄긋기를 할 수 있다.				
		3. 외출 시간 및 실외 놀이 시간을 안다.				
		4. 양이 많고 적음을 구별할 수 있다.				
		5. "누구는 어디 있니?"라고 물을 때 자신을 가리킨다.				
		6. 자신의 가족을 알아본다.				
		7. 수를 세기 시작하며 둘(2)은 정확히 안다.				
		8. 크레용이나 색연필로 아무렇게나 선을 긋는다.				
		9. 책에 나오는 물건을 알아보며 이름을 불러주면 그림을 찾을 수 있다.				
		10. 갖고자 하는 물건에 다가가기 위해 방해물을 치울 줄 안다.				
		11. 놀이하고 있는 장난감이 없어졌을 때 찾아낸다.				
		12. 새로운 사물에 호기심을 갖고 계속 탐색한다.				
		13. 신체의 한 부분을 물으면 가리킬 수 있다.				
종합란	1회					
	2회					
	3회					
	4회					

☃☃ ○○별★어린이집

[그림 6] 영아 행동발달 체크리스트의 예

| 영유아의 작품

영유아의 작품은 가시적으로 영유아의 행동 특성과 발달 수준을 파악할 수 있는 기초자료다. 교육활동을 통해 산출된 영유아의 작품을 교사가 정기적으로 수집하고, 이때 작품의 일시와 작품활동 시 영유아의 반응 및 특이점들을 기록해둔다. 영유아의 그림이나 작품 사진, 노래나 언어표현이 들어간 녹음자료 및 영유아의 말 표현을 받아적은 글 자료나 공작품 등이 포함된다. 부모들은 작품을 통해 보육시설에서 아동의 활동과 발달 수준을 평가할 수 있고, 또래와의 차이점도 비교할 수 있다.

| 동영상 자료 및 사진 자료

보육시설에서 다양한 활동을 진행하는 동안 교사나 보조교사가 사진이나 동영상을 찍어두었다가 부모상담 시 제공하면 좋다. 스틸사진이나 작품만으로는 아동의 활동이 충분히 전달되지 않는 단점을 보완하여 부모가 더욱 생동감 있고 사실적으로 영유아의 활동과 상태를 확인할 수 있다. 특히 집단생활에서 나타나는 영유아의 특성을 면밀하게 볼 수 있기에 부모상담에서 사용하기 좋다.

| 영유아 생활기록부

영유아 생활기록부는 영유아의 성장과 교육 및 상태변화에 대한 전반적인 내용이 들어있다. 생활기록부를 통해 영유아의 건강 상태, 생활 습관, 식사 습관, 놀이 내용과 과정 및 형태, 가정에서의 생활, 보육시설에 오기 전의 경험, 부모의 양육 방법과 과정, 보육시설과 교사에 대한 기대 등을 알 수 있다. 교사는 부모상담 전에 영유아가 기관에 입소할 때 제출한 생활기록부를 살펴보고 영유아에 대한 여러 가지 이력과 특성을 알아둘 필요가 있다. 영유아의 초기 생활기록부는 부모가 작성하고 이후 교사에 의해 부가되기 때문에 학기 초에 영유아에 대한 정보가 없을 때 상담자료로서 유용하다.

| 각종 검사자료

학부모가 선호하는 영유아 검사로는 성격유형검사, 적성검사, 두뇌발달검사, 학습성취검사, 애착유형검사 등이 있는데, 이는 국공립 어린이집이나 사립유치원, 민간(직장) 어린이집에서도 유사하게 나타난다.[21] 그 가운데 성격유형검사는 가장 선호하는 검사다. 검사 결과는 부모상담에서 아동의 특성을 파악하고, 아이의 발달 수준과 성격특성 파악을 통해 ADHD나 발달지연 등 어려움을 안고 있는 아동들에게 필요한 선조치를 위한 설명 자료로 사용하기 좋다.

생 활 기 록 부 (영아)

(앞쪽)

1. 인적사항

어린이집명							

아동	이 름	(한글) (한자)		성 별		남 · 여	사 진 (3×4cm)
	생년월일			입·퇴소일		입소 퇴소	
	주 소						
	전화번호			혈 액 형			

보호자	아동과의 관 계	부	모	형제(자매)	기 타
	이 름				
	직 업				
	근무지 (전화번호)				
	근무 시간 평일				
	토요일				
	일요일				
데려오고, 데려가는 사람		(성명 : 관계 :) (성명 : 관계 :)			

※ 비고: 보호자란 중 부모가 있을 경우 양자 모두 기재

2. 기본생활습관 및 발달상황

영역 \ 연령		0세	1세	2세
기본 생활 습관	수 면			
	배 변			
	식 사			
활동 발달	신체운동			
	사회관계			
	의사소통			
	자연탐구			
	예술경험			

3. 국가필수 예방접종

종 류	접종횟수	접종일자	접종기관
BCG(피내)	1회		
B형간염	1차		
	2차		
	3차		
DTaP (디프테리아, 백일해, 파상풍)	1차		
	2차		
	3차		
	4차(추가)		
	5차(추가)		
폴리오	1차		
	2차		
	3차		
	4차(추가)		
MMR (홍역/유행성이하선염/풍진)	1차		
	2차(추가)		
수두	1회		
일본뇌염(사백신)	1차		
	2차		
	3차(추가)		
	4차(추가)		
인플루엔자	사백신		
	생백신		
장티푸스	고위험군에 한함		
기타 임시예방접종 등	명칭 기재		
	명칭 기재		

4. 병력기록

병 명	질병발생 연월일 및 질병의 경도	
	입 소 전	입 소 후

5. 신체발달상황

구분 　　　측정시기								
신 장(cm)								
몸무게(kg)								
비고 : 18개월 미만의 영아는 2개월마다, 그 이상의 영아는 6개월마다 측정·기록한다.								
						기록관리자		(인)

[그림 7] 영아 생활기록부의 예

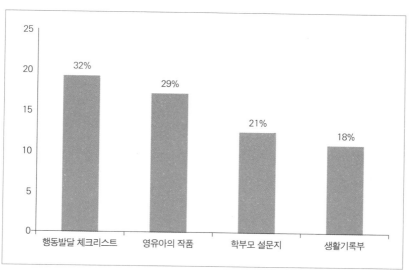

[그림 8] 영유아 부모상담을 위해 준비하는 내용

영유아 학부모 상담 시 교사가 경험하는 어려움: 주요 대처방식

"어떻게 해야 할지 모르겠어요. 얼어버려요. 정말, 상담이 엉망이 되어버려요. 오래 준비했는데 정말 속상해요."

학부모 상담은 교사들에게 가장 어려운 주제이지만, 피할 수 없다. 상담 중 어려움에 처했을 때 주요 대처방식은 여섯 가지 정도로 분류되었다.

- 원장 및 동료 교사에게 조언을 구함
- 아동의 문제행동 지도에 관한 자료 수집
- 다른 전문기관에 상담 의뢰 제안
- 아동 상담 전문가에게 문제에 대한 도움 요청
- 부모가 아동에 대한 문제를 받아들이지 않으면 지속적인 상담을 진행하지 않음
- 특별한 해결 방안을 모색하지 않음

기관 내 현장 전문가들의 도움을 요청하는 방법은 또래 슈퍼비전처럼 유사한 사례들을 더욱 의미 있게 다룰 수 있는 방법이자, 교사의 상황에 대한 어려움을 알리는 방법으로 상호지지 효과를 낸다. 교사는 선임 교사나 오랜 경험을 가진 원장의 도움을 얻으며 보육의 방법을 익히고, 나아가 지지집단을 강화하게 된다. 아동의 문제행동에 대한 자료수집은 아동에 대한 이해를 높이고 문제행동 수정을 위한 기본 과정이자, 학부모에게 아동의 특징과 문제를 설명하기 위해 더 면밀한 자료를 제시할 때 유용하다. 특히 문제행동 아동의 경우 누가 자료를 통해 전문 상담을 위한 자료로 사용될 수도 있다. 상담전문기관이나 아동 상담 전문가에게 의뢰하거나 도움을 청하는 과정은 교사의 전문정보를 확대하고 심리적 안정감을 얻는 데도 기여한다. 부모가 문제라고 판단하지 않는 부분에 대해 상담을 진행하지 않거나 다른 해결 방안을 모색하지 않는 경우는 교사의 한계나 부모의 무관심에서 비롯되는 경우가 많다.

—

영유아 학부모 상담 서비스의 주요 흐름

최근 교육과 보육은 외부 전문영역과의 융합 방향으로 가고 있다. 이러한 융합은 유아교육기관이 갖는 역할과 기능의 한계를 인정하고, 전문화되고 직접적인 도움을 제공해줄 수 있는 전문가를 유입함으로써 기관의 능률을 높이고 교사의 업무력을 향상시키며 학부모의 만족도를 끌어올리는 역할을 하고 있다. 유아교육기관에 전문가의 상담이 더해지면, 학부모는 아동에 대한 더욱 전문적인 해석을 통해 연령에 따른 발달을 도모하고, 부모 역시 전문 상담 서비스를 받으며 부모-자녀 간 건강성을 확보하게 될 것이다. 1~2회 정도의 정기상담으로 교육과 상담은 상호 시너지

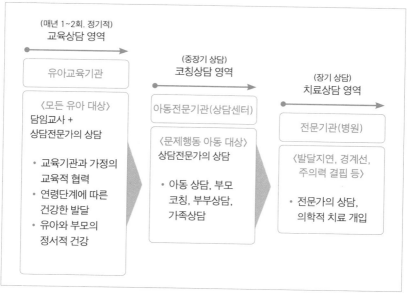

[그림 9] 영유아 학부모 상담 서비스의 주요 흐름(로드맵)

를 낼 수 있을 것이며, 필요한 경우 아동 상담이나 부모 코칭 같은 상담전
문가의 상담 지원을 받고, 발달지연 등 의료적 서비스를 통한 치료개입까
지 연결할 수 있을 것이다. 이러한 과정을 통해 교사의 심리적 돌봄 지원
도 가능해질 것이다. 이처럼 유아교육기관과 상담기관, 의료기관이 상호
협력하는 합리적 돌봄 시스템 구축은 교육의 방향이자 동시에 진행 중인
그림이다.[22]

3장.

영유아 교사 - 학부모 관계

1.
영유아 교사-학부모 역할

> "여기서는 교사가 부모잖아요. 그럼 똑바로 해야 하는 거 아닙니까?"

영유아 학부모의 역할과 자세

> "부모도 자기 역할을 해야 부모잖아요. 교사에게 다 맡기고 책임도 다
> 지우면 그 아이는 누구 아입니까?"

학부모란 자녀를 공식적인 교육기관에 입학시켜 체계적인 교육을 받
게 하는 부모를 말하며, 학부모가 된다는 것은 '호칭'에 걸맞은 새로운 역

할과 행위가 요청되는 일이다. 오랜 시간 일상적으로 해오던 부모 역할의 확장임에도 숙제를 돕거나 아침에 일찍 깨우기 등 전에 없던 새로운 역할을 하거나 이전의 기능이 더 확장된다. 나아가 교육적인 일로 학부모회나 부모참관수업 등 새로운 관계를 구축하며 교사, 원장 및 다른 학부모와의 관계를 시작한다. 자녀가 혈연중심의 1차 집단인 가정과 다른 사회적 기능으로서 2차 집단인 교육기관의 구조와 관계 및 문화 속에 합류하면서 폭넓은 사회문화적 네트워크를 갖고 더욱 적극적인 역할로 들어간다는 것을 말한다. 자녀와의 분리를 경험하며, 교육목적을 달성하기 위해 교사 및 기관과 함께 교육적 협조자로 역할을 해야 한다는 말이다.

영유아 학부모가 된다는 것은 초등학교와 달리 의무교육이 아니기에 선택의 여지는 있으나, 일단 교육 현장에 참여하면 교육의 주체로서 권리를 행사하면서 동시에 교육 파트너로서의 역할도 수행해야 한다. 영유아 교육은 교사-부모-기관이 함께 유기적으로 상호작용할 때 더 좋은 영유아 발달을 이끌 수 있다. 각자 자신에게 주어진 역할과 기능을 해내면서 교사는 교사로서의 역할을 해야 하며, 마찬가지로 학부모에게는 그에 맞는 역할이 있다. 유아교육기관에 자녀를 맡긴 부모들의 역할은 무엇일까?

영유아 교육기관에 아이를 맡기는 부모들의 역할은 학자들마다 견해가 다르며, 학부모 역할에 대한 기대 역시 학부모가 기대하는 학부모 역할과 교사가 기대하는 학부모의 역할이 다르다. 먼저 유아교육기관에 자녀를 맡긴 부모의 역할에 대한 학자들의 생각은 다음과 같다.

부모 역할의 내용 중 학부모는 주로 유아에 대한 사랑, 학부모에 대한 배려, 유아 지도 능력을 중요하게 생각하고 교사와 협력적 관계에 있어야 한다고 믿으나 현실은 다르다. 선행 연구들을 살펴보면 유치원 교사와

<표 6> 유아교육기관에 자녀를 맡긴 부모의 역할[24]

베르거 (Berger, 1987)	헨더슨 (Henderson, 1988)	류왕효 (1999)	김보영 (2013)
• 교사 • 참관자 • 일시적 　봉사자 • 봉사자의 　자원 • 고용자원 • 정책입안자	• 동료 • 협력자 및 문제해결자 • 청중 • 지원자 • 자문 및 　의사공동결정자	• 보조교사 • 유아 생활지도 • 시간강사 • 학습자료 제작 및 　관리공급자 • 교육가정 구성의 자문 역할 • 재정후원자 • 안내자나 촉매자 • 비교육적 사례예방 수단 • 급식 담당 • 상담자	• 자기계발자 • 지도자 • 지지 · 　지원자 • 중재자 • 의사결정자

학부모는 유아의 전인적 발달을 목표로 한 동반자 또는 협력자 관계가 되어야 함에도 교사들에게는 때로 상호 동등한 협조자의 관계가 아니라 위계적이고 불평등한 관계로 나타났다.[24]

　영유아 교사들에게 학부모는 본연의 역할자라기보다는 보육기관에서 이루어지는 교육에 대해 과도한 간섭과 참견을 하고, 교사에게 무리한 요구를 하며, 고압적인 언행과 무례한 태도로 교사들을 대하기도 한다. 교사들은 학부모를 '시어머니' 같은 존재로, 불편하고 불만에 가득 찬 요구자로 인식하기도 했다.[25] 때로는 교사가 학부모를 상위권력자, 통제자로 보고 자신을 피억압자나 약자로 인식하며, '끓는 물', '갑', '고객', '왕', '폭탄' 등의 은유적 표현을 통해 학부모가 제 역할을 하지 못하고 오히려 교사들에게 군림하고 잘못을 캐내고 교사를 감시하고 통제하는 존재로 보았으며, 당당히 요구하는 부모에게 교사는 모든 것을 맞추어야 하는 존재로 생각하기도 했다.[26] 교사들은 유아의 성장과 발달에 책임을 가진 전문가로 인정해주고 존중받기를 기대하지만, 연구 결과에서 보는 현실은 냉엄하다.

교사의 역할에 대한 교육은 받지만, 학부모의 역할에 대한 교육은 전무하다. 학부모의 인성과 매너에 의지해야 하는 상황에서 학부모의 역할을 어떻게 이끌어내고 건강한 역할에 대한 인식을 어떻게 갖게 할 것인가에 대한 연구와 지원이 절실하다.

영유아 교사의 역할과 자질

"뭘 알긴 알겠어요?"

"교사가 말이야, 기본이 안 돼 있어! 대체 뭘 배운 거야!"

단언컨대, 부모보다는 많이 알고 충분히 안다. 영유아 교사는 전문직으로 최소 3년 이상의 준비과정을 거쳐 교육과정과 직무수행을 위한 기술을 발휘하며, 교육과 보육의 효과를 높이기 위한 자율적 결정을 해야 한다. 교사의 역할은 과거 '보호'의 개념에서 '교육'을 포함하며, 더욱 통합적인 방향으로 나아가고 있다. 영유아 교사들은 영유아의 안전과 발달을 도모하는 보호기능이나 교육자로서의 교육기능뿐 아니라 보육기관에서 영유아들과 관련된 모든 일을 전문적으로 판단하고 결정을 내려 수행하는 의사결정자임과 동시에 수행자로서의 역할을 한다. 영유아의 전인적 발달을 도모하며, 기본 욕구를 만족시키고, 안전하게 보호하며, 유아의 지적 발달과 사회적 발달을 돕기 위한 교육 프로그램을 계획하고 수립한다. 나아가 보육시설의 안전하고 교육적인 환경을 구성하며, 아이에 대한 관찰과 평가 및 영유아 부모와 가족에 대한 지원 등을 해내며, 보호자, 관리자, 교수자, 상담자, 연구자, 행정가, 의사결정자, 촉진자, 계획자, 평가자 등 다중역할을 맡고 있다. 학자들은 영유아 교사들의 역할에 대해 다양한 모델을 제안한다.

영유아들에게 교사는 부모만큼 중요한 양육자이기에 부모는 아동의 생활 전반에 대해 교사에게 전달하며, 교사는 부모의 의사나 요청을 수용하고자 한다. 그 과정에서 때로는 오해나 선입관, 과도한 요구, 부적절한 대처 등으로 갈등이 빚어지기도 한다. 영유아 교사와 학부모 관계에서 교사들이 지각하는 스트레스 요인 중 부모와의 의사소통 문제, 의견 차이, 교사에 대한 부모의 지나친 요구가 있으나, 특히 자신의 교육적 신념과 부모의 요구나 기대 간의 갈등으로 스트레스와 긴장을 경험한다. 연구에 따르면 초임 교사는 상황 요인, 교사 요인, 학부모 요인으로 어려움을 겪는 반면 경력 교사는 모두 학부모 요인으로 어려움을 겪고 있었다.[28] 부모의

〈표 7〉 영유아 교사의 역할[28]

카츠 (Katz, 1970)	스포덱 (Spodek, 1985)	이연섭 (1992)	사라초 (Saracho, 1997)	이희경 · 김성수 (2000)
• 모친모형 • 치료모형 • 교수모형	• 양육역할 • 교수역할 • 관련역할	• 양육자 • 교수자 • 안내자 • 의사결정자	• 교육과정설계자 • 계획수행자 • 상담 및 조언자 • 행정업무자 • 관리자	• 보육 및 기본생활지도 • 교육 및 교수활동 • 상담 및 정서적 지원 • 연구 및 반성적 실천

〈표 8〉 영유아 교사의 자질

개인적 자질	전문적 자질
• 유아를 좋아하고 사랑 • 적은 편견과 융통성 • 변화 감지력과 민감성 • 창의력과 적응력 • 원만한 인간관계 • 인적 수용성 • 자기발전을 위한 노력 • 관대함	• 유아와 유아교육에 대한 포괄적 전문지식 • 교육 현장에서의 효율적 지식 적용 능력 • 부모와 지역자원 활용 능력 • 인간관계 조율 능력 • 피로감과 소진관리 능력

과잉보호나 의사소통 단절, 권위 도전 등 부모와 겪는 갈등이 가장 대표적이다.

교사의 자질이란 교사가 갖추어야 할 소양과 능력을 말한다. 자질에 대한 평가가 쉽지는 않으나 개인적 자질과 전문적 자질로 나누어볼 수 있다. 개인적 자질로는 유아를 좋아하고 사랑하는 사람, 편견이 적고 융통성이 있으며 변화를 잘 감지해내는 사람, 창의력과 적응력을 가진 사람, 원만한 인간관계를 형성하고 인적 수용성이 좋은 사람, 자기발전을 위해 노력하고 타인에 대해 관대한 사람 등이다. 개인적 자질은 영유아나 학부모, 그리고 기관장과의 관계에서 일관되게 나타나는 인간적 품성이다.[29]

전문적 자질로는 유아와 유아교육에 대한 포괄적이고 전문적인 지식을 확보하고 있는가, 교육 현장에서 자신의 지식과 능력을 적극적이고 효과적인 방법으로 적용할 수 있는가, 업무 관계에서 발생한 인간관계를 잘 다룰 수 있는가, 업무처리 과정에서 발생하는 소진과 피로감에 대해 자기관리가 가능한가,[30] 부모와 지역자원을 교육자원으로 끌어들이고 활용할 수 있는가 등이다.

영유아 부모-교사 의사소통

"안 듣는 건지, 못 듣는 건지, 못 알아먹는 건지, 어쨌거나 답답해요!"

　　교사-부모 간 관계에 따라 유아교육의 질은 달라지며, 따라서 '영유아'라는 공동의 목표를 달성하기 위해 교사-부모 간 상호협력은 필수조건이다. 교사와 부모 양자의 협력을 통해 교사는 직업적 목적을 달성하고, 부모는 양육 목적을 달성하며, 동시에 영유아는 발달적 목표에 더 잘 도달할 수 있다. 반면, 교사와 부모는 '영유아'라는 공동의 대상을 두고 서로 다른 환경을 가지고 있기 때문에 교사-부모 간 양육 태도가 일치하지 않는 경우가 있다. 다수의 영유아를 돌보아야 하는 교사와 달리 자신의 자녀에게만 관심을 두면 되는 입장 차이는 교육활동에 대한 오해를 야기하기도 하며, 이런 오해는 교사-부모 관계를 부정적으로 만들고 악화시켜 상호협력이 무너지거나 심지어 심각한 갈등 상황을 초래하기도 한다. 이런 갈등은 교사, 부모, 영유아 모두의 성장을 방해한다. 영유아에 대한 책임을 공유하는 교사와 부모의 의사소통은 그만큼 중요하다.

　　파트너십(partnership), 즉 동반자 관계는 부모와 교사, 그리고 기관이 영유아 교육을 목적으로 최상의 조건을 갖추고 공동의 목표를 성취하기 위해 각각의 능력과 해당 자원을 공유하고 영유아를 위해 사용한다는 가정 하에 동등한 관계, 협의된 역할, 공평한 의사결정, 참여 권한, 결정에 대한 책임 등을 공유하기에 동반자 관계는 교사-부모 관계의 이상적 모델이라 할 만하다.

동반자 관계에서 의사소통은 양방향으로 진행되면서, 기관과 가정 등 서로가 보지 못하는 장소에서 영유아의 정보를 공유하며 상호 발달을 위해 협력한다. 기관에서만 아이를 보던 교사는 부모를 통해 가정에서 영유아의 특성을 확인하며 영유아의 문제행동 원인 분석이나 교육 발달을 촉진할 방법을 모색하게 되고, 가정에서만 아이를 살피던 부모는 교사를 통해 아동의 집단생활에서의 특성과 사회화과정 및 부모가 미처 보거나 알지 못했던 발달적 특성에 대한 객관적 정보를 얻게 된다. 이러한 협력 과정은 교사-부모 간 상호친밀감을 형성하며 상호목표 달성에 기여한다.

　　교사-부모 간 의사소통은 잘되면 서로 간의 연결고리가 되지만, 동시에 오해나 불신 같은 갈등의 씨앗이 되기도 한다. 교사-부모 모두가 자신이 처한 상황에서 영유아에 대한 정보와 해석, 의미를 찾으려는 심리를 가지고 자기만의 해석과 재해석을 반복한다. 따라서 교사-부모 간 일방적 정보, 이를테면 가정통신문이나 알림장, 관찰일지 등이 때로는 서로 간의 이해와 상충하면서 오해를 유발하는 경우도 있다.

　　교사들의 경우 부모의 과잉보호에 대한 불만감이나 자기 자식에게만 집중하는 이기성, 지나친 요구 혹은 아동에 대한 무관심 등으로 부모와 갈등을 빚는 경우가 있다. 이런 경우 부모 역시 교사가 일방적이고 권위적이라 생각되어 항의하고 싶어도 혹시 자녀에게 불이익이 있을까 하는 염려로 의사소통이 더욱 막히는 악순환 구조로 들어갈 수 있다. 교사와 부모, 부모와 유아, 교사와 유아 이 삼자 간의 원만한 의사소통과 협력관계는 이 세 관계 구조 모두에 긍정적인 영향을 미칠 것이다.

　　교사-부모 간 인간관계의 특성을 보면 의사소통의 중요성이 두드러진다.

- 선택의 여지가 없는 운명적 만남
- 우연히 맺어지는 비선택적 결합
- 유아를 매개로 한 간접 관계
- 부분적 접촉 관계
- 비영구적 관계
- 이중 관계
- 불평등 관계
- 책임 관계

교사-부모는 상호유관성이 크지만, 부분적으로 연결되어 있는 목적형 구조를 형성하고 있다. 그만큼 상호 간 빈 공간을 가지고 있는데, 이때 의사소통은 가정과 영유아 교육기관 간의 경험을 연계하여 서로의 부족을 메우고, 부모 능력을 강화시켜 긍정적 양육환경을 조성하며, 부모의 아동 발달평가를 돕는다. 부모 됨 능력도 강화하며, 지속적으로 자녀의 활동과 발달을 구축하는 협력적 파트너십을 구축하는 데 중대한 연결 역할을 한다.

그러나 교사-부모 한쪽 혹은 양쪽의 감수성 부족으로 서로의 감정과 욕구 및 정서에 공감하지 못하거나 무관심한 상태를 보이게 되면, 상대방에게서 긍정적인 반응을 얻지 못하여 유아 교사와 부모 간 공감을 형성하지 못하게 된다. 교사-부모의 의사소통을 원활하게 하기 위해 교사들에게 필요한 효과적인 소통 요소들은 다음과 같다.[31]

- 관심사 확인하고 청취하기
- 경청하기
- 명료하게 표현하기
- 감정 처리하기
- 자기노출 조절하기
- 상상하기
- 친밀한 정서 표현하기
- 긍정적 정서 표현하기

2.
영유아 교사-부모 협력적 관계

> "딱 시어머니 같아요, 부모님들은요."
> "엄마들이 교육노동조합처럼 함께 움직이면 좋겠어요!"

교사에게 아동의 부모는 시어머니 같은 부담스러운 존재이면서 동시에 함께 가야 할 파트너이고, 신뢰를 높이고 서로의 영역에 건강하게 참여해야 하는 대상이다. 영유아 교사들은 실제 부모와의 파트너십에 어려움을 경험하고 있으며, 부모가 느끼는 교사와의 파트너십보다 교사가 경험하는 부모와의 파트너십은 평가가 다르다. 본래 교사-부모 파트너십이란 영유아 발달과 교육이라는 공동의 목적을 위해 이에 대한 역할과 책임을 가진 교사와 부모가 서로 동등한 위치에서 조력하는 동반자적 관계를 의미한다. 반드시 필요하지만, 결코 쉽지 않은 이러한 협력관계를 어떻게 구축할 수 있을까? 교사-부모 간 협력적 관계는 상호 간의 노력과 기관이나 태도의 교육신념이 주요하게 작용하며, 부모, 영유아, 교사 모두에게 유익하다. 교사-부모 파트너십 빈도가 높을수록 교사와 부모 간 유아에 대한 정보 공유가 더 잘 이루어지고, 교사-유아 간 긍정적인 영향이 나타난다.[32] 부모의 교육기관 참여를 이끌고, 교사의 역할 수월성을 높이며, 아동과의 긍정적 상호작용을 향상시키는 교사-부모 파트너십 행동을 위한 교사의 역할은 다음과 같다.[33]

- 부모와 영유아 돌봄에 대한 교육 지식과 정보 공유하기
- 부모와 효과적으로 의사소통하기
- 부모의 기관행사 참여와 활동을 독려하기 위한 방안 모색하기
- 가정 내 부모의 유아학습을 돕기 위한 방법 제시하기
- 의사결정에 부모 참여시키기
- 지역사회와 협력하기
- 부모상담과 부모 교육하기
- 교사-부모 간 소통 통로 다양화하기

교사-부모 파트너십은 교사-부모 간 관계를 넘어 교사의 직무만족에도 긍정적인 영향을 미친다. 보육교사의 직무 스트레스가 직무만족에 미치는 영향을 분석한 결과를 보면, 교사-부모의 관계는 직무 자체의 만족감을 높였으며,[34] 교사 효능감과 직무몰입도 높이는 것으로 나타났다.[35]

교사-부모 파트너십을 강화하기 위해 다양한 수준에서 부모의 교육활동을 독려할 수 있는데, 가족 활동 달력을 제공하는 것과 같이 가정 내 교육활동을 통한 부모 참여나 부모참여프로그램처럼 가족을 참여시키는

방법, 부모회나 보육시설운영위원회처럼 학부모 대표를 선정하고 기관 운영의 중요한 결정 사항들을 운영자, 교사, 부모가 함께 의논하는 것도 부모 참여를 높여 부모의 책임감과 소속감을 강화하면서 파트너십을 강화할 수 있다.[36]

영유아 교사-부모 파트너십의 유형

교사-부모 파트너십의 유형은 공감을 통한 성공적인 파트너십, 심리적 준비가 안 되어 있는 파트너십, 부모의 태도에 영향을 받는 파트너십, 외적 조건이 구비되어야 가능한 파트너십이 있다. 공감을 통한 성공적 파트너십은 자녀를 우선하는 부모의 심정에 공감하고 자신만의 전략으로 부모 관계에서 유능감을 획득함과 동시에 교사-부모 상호 존중이 일어나는 파트너십 유형을 말한다. 두 번째로 심리적 준비가 안 되어 있는 파트너십의 특징은 또 다른 업무로서 부모로 자신 인식하기, 자신의 자녀만 고려하는 부모를 이해하기 힘들어하며, 부모가 교사를 의심하거나 전문성을 부인하는 상황을 겪으면서 부모를 진정한 파트너로 생각하기 어려워하는 유형이다. 셋째, 부모의 태도에 영향을 받는 파트너십 유형은 부모와의 상호 공감을 중요시하며 교사의 전문성을 인정하지 않는 부모의 태도를 파트너십의 방해물로 인식한다. 부모참여보다 동료 교사와의 관계를 중요하게 인식하고 부모들과의 갈등은 크게 나타나지 않으나 파트너십은

〈표 9〉 교사-부모 파트너십 유형[38]

유형	특징	교사 경력
공감을 통한 성공적인 파트너십	• 자녀를 우선하는 부모의 심정에 공감 • 자신만의 전략으로 부모 관계에서 유능감 • 교사-부모 상호 존중	평균 9.6년
심리적 준비가 안 되어 있는 파트너십	• 또 다른 업무로서 부모 • 자신의 자녀만 고려하는 부모 이해 불가 • 부모가 교사를 의심하거나 전문성 부인 경험 • 부모를 진정한 파트너로 생각하기 어려움	평균 6.2년
부모의 태도에 영향을 받는 파트너십	• 부모와의 상호 공감이 중요 • 교사의 전문성을 인정하지 않는 부모의 태도를 파트너십의 방해물로 인식 • 부모참여보다 동료 교사와의 관계를 중요하게 인식 • 갈등은 없으나 파트너십 부재	평균 7.9년
외적 조건이 구비되어야 가능한 파트너십	• 유아 비율과 교사에 대한 부모 인식이 파트너십에 영향 • 환경변화나 부모 인식 변화 시 파트너십 구축 가능 • 파트너십 구축은 선택 • 경력에 따라 저절로 파트너십이 생길 것이라 생각	평균 5.4년

발달하지 못한 유형이다. 넷째, 외적 조건이 구비되어야 가능한 파트너십 유형은 유아 비율과 교사에 대한 부모 인식이 파트너십에 영향을 미치는 형태로, 환경변화나 부모 인식 변화가 전제되어야 파트너십 구축이 가능하며, 선택적이고 경력에 따라 저절로 파트너십이 생길 것이라고 생각하는 유형이다.

영유아 교사-부모 파트너십 척도

우리나라에서는 유아 교사가 지각한 교사-부모 협력을 측정하기 위해 오웬, 웨어, 바풋(Owen, Ware, Barfoot, 2000)이 제작한 유아 교사-부모 파트너십 척도(The Caregiver-Parent Partnership Scale)를 번역하여 사용했다. 이 도구는 교사가 유아를 교육하고 지도하는 데 부모와 어느 정도나 소통하고 협력하는지를 평가한다. 총 14문항으로, 정보공유(sharing information), 정보 추구(seeking information), 상호관계(adult relations)의 3개 하위 영역으로 구성되어 있다. 정보공유는 교사가 유치원에서 일어난 여러 사건이나 상황을 부모와 공유하는지의 정도를 말하며, 정보 추구는 교사가 유아들이 가정에서 어떻게 지내고, 어떤 것을 경험하는지 물어보는 내용을 포함한다. 상호관계는 교사가 부모에게 유아 발달이나 양육에 관한 정보를 주거나 조언하고, 부모의 바람직한 지도 방법이나 기술에 대해 칭찬하는 등 교사와 부모 간의 정서적 관계를 평가한다. 각 문항은 5점 척도에 반응하도록 되어 있으며, 점수가 높을수록 교사-부모 간의 협력이 활발하게 이루어지는 것으로 해석한다.[38]

번호	질문내용	전혀 그렇지 않다	그렇지 않다	보통이다	그렇다	매우 그렇다
1	나는 유치원(어린이집)에서 하루 동안 영유아의 기분이 어떠했는지 부모에게 말해준다.	①	②	③	④	⑤
2	나는 영유아가 새로운 기술이나 능력을 보여주면 부모에게 그것을 알려준다.	①	②	③	④	⑤
3	나는 영유아를 화나고 힘들게 하거나 좌절하게 만드는 상황이 있으면 그 영유아의 부모와 의논한다.	①	②	③	④	⑤
4	나는 부모에게 가정의 특별한 일이나 사건(예: 휴가 계획, 집에서 기르는 애완동물이 아플 때 등)이 있을 때 알려달라고 말한다.	①	②	③	④	⑤
5	나는 부모에게 영유아가 집에 있을 때 행동은 어떤지 물어본다.	①	②	③	④	⑤
6	나는 부모에게 영유아를 교육하고 지도하는 방식이나 기술을 공유하자고 부탁한다.	①	②	③	④	⑤
7	나는 영유아를 다루고 지도하는 부모의 방법과 기술에 대해 칭찬한다.	①	②	③	④	⑤
8	나는 부모에게 양육에 관해 조언한다.	①	②	③	④	⑤
9	나는 영유아가 좋아하고 즐기는 활동이 어떤 것인지 부모에게 말해준다.	①	②	③	④	⑤
10	나는 영유아의 문제점에 대해 부모와 의논한다.	①	②	③	④	⑤
11	나는 부모가 교육에 필요한 교구교재를 갖고 있거나 어떤 활동을 할 수 있을 경우, 그 부모의 도움을 받는다.	①	②	③	④	⑤
12	나는 부모에게 영유아가 집에 있을 때 어떻게 지내고 어떤 놀이와 경험을 하는지 물어본다.	①	②	③	④	⑤
13	나는 부모에게 영유아 발달에 관한 정보를 제공한다.	①	②	③	④	⑤
14	나는 영유아가 그날 유치원(어린이집)에서 힘들게 보냈다면 이를 부모에게 말해준다.	①	②	③	④	⑤

4장.

영유아
학부모
상담과
문제
다루기

1.
학부모 상담

> "잘하고 싶어요. 중요한 건 아는데, 일단 어떻게 하는지를 모르겠어요."

영유아 학부모 상담

영유아 학부모 상담은 교사와 부모가 협력관계를 통해 영유아 돌봄과 교육의 효과를 높이고, 영유아의 발달을 도모하며, 교사와 학부모 양자의 요구를 충족시키는 전문적 대화 과정을 말한다. 교사와 부모 모두 상담을 통해 아동을 객관적이고 더 잘 이해할 수 있게 된다. 교사는 부모상담을 통해 자녀에 대한 부모의 기대, 자녀 행동에 대한 부모의 반응, 유아의 주변 요인 등 다양한 정보를 얻게 되어 유아와 부모를 위해 좀 더 실제적이고 필요한 도움을 계획하고 실행할 수 있게 도와준다.[40] 특히 영유아의 문제행동의 원인과 해법을 상호 논의하고, 발생 가능한 문제들을 예방하고 최소화하며, 나아가 발달 잠재력을 최대화하기도 한다. 동시에 부모의 애로사항과 요청사항을 정확히 파악하고, 영유아 보육을 위한 유기적 관계를 구축할 수 있다.

영유아 부모상담에 대한 수요도 커지고 관심도 많아지는 데 비해 상담에 대한 교사의 전문지식과 기술이 부족하고 영유아 부모상담에 대한 자료도 부족한 실정이어서 교사들은 의미 있고 효과적인 상담에 대한 한계와 부모 면접의 어려움을 경험하게 된다. 이를테면, 아동의 문제행동을 알리는 과정에서도 교사의 관점과 부모의 관점이 다를 수 있는데, 이를 전달하는 방식과 문제행동에 대한 해석을 두고 부모와 심각한 갈등이 빚어지기도 한다.

그럴 만도 한 것이 대부분 영유아 교사들은 교육과정에서 상담에 대한 체계적이고 전문적인 교육을 받지 못했다. 그나마 이론 위주의 교육이 중심이 되기에 임상훈련 같은 부가적이지만 실제적인 실습 과정을 거친 적이 없는 경우가 많다. 최근 상담에 대한 일반적 인식과 이해도가 높아지면서 부모가 요청하는 상담의 기술과 질도 높아지고 있지만, 교사들은 부모상담 시 대부분 영유아에 대한 기본 자료만 가지고 자신의 의견과 견해만 간단하게 말하는 등 부모의 전문적 상담 수요를 모두 충족시키기 어렵다.

초등학교의 경우만 해도 학교 상담 시 담임교사의 상담 말고도 전문상담교사가 배치되어 있거나 위클래스 같은 전문상담처가 마련되어 상담 영역이 전문화되어 있다. 그러나 영유아 교육기관의 경우는 부모상담에 필요한 교사 교육을 유치원 원장이나 경력이 많은 교사 본인의 경험을 토대로 전달하는 경우가 많으며, 내용도 주로 상담 시간 안내와 부모를 맞을 때의 말, 영유아의 문제행동에 대한 대처법 등이다.[41] 이런 방법이 효과를 내기 어려운 이유는 부모의 특성에 따른 심리분석과 적용, 영유아의 문제행동에 대한 수위 결정을 하기 어렵고, 심지어 행동에 따른 진단 유추도 어려운 경우가 많으며, 오진에 따라 잘못된 지도를 하는 경우도 생겨난다.

특히 일반 상담이 구조화된 상담 구조를 가지고 체계적으로 진행되는 것과 달리 영유아 부모상담은 학기 초 1회씩 연 2회 정도 실시되고, 나머지는 알림장이나 전화 등의 비구조화된 상담으로 대부분 비체계적이다. 또한 일반 상담이 단회나 단기, 중기, 장기 등 다양한 기간을 두는 반면, 영유아 기관에서의 상담은 학기당 단회로 진행되거나 아동의 문제행동을 중심으로 한 단기상담으로 진행되는 경우가 대부분이다. 일반상담기간이 내담자의 문제 발생 시점부터 종료까지 거의 매주 진행되는 것과 달리, 영유아 부모상담은 학기 초에 1회 한 후 아동에게 문제가 발생할 때 비정기적인 접촉이 있다. 일반 상담이 주로 대면상담을 중심으로 이루어진다면, 영유아 부모상담은 학기 초에는 대면상담으로 단회 진행되고 나머지는 전화나 알림장 등의 매체를 중심으로 진행된다. 상담 주체 역시 일반 상담은 훈련받은 전문 상담자가 진행하는 반면, 영유아 기관의 부모상담은 주로 훈련을 받지 않은 영유아 교사나 원장을 중심으로 진행된다. 일반 상담의 상담자들이 상담 훈련은 물론 교육분석, 슈퍼비전 같은 분석적 임상훈련 등의 실기가 필수라면, 영유아 기관에서 부모상담을 담당하는 교사나 원장은 임상훈련을 받지 않은 경우가 대부분이다. 부모상담의 부담이 큰 만큼 과정과 분석 방법 및 기술에 대한 중요성은 더 커지고 있다.

〈표 11〉 영유아 기관 부모상담의 특징

	일반 상담	영유아 기관의 부모상담
구조화	구조화된 상담, 체계적	학기당 1회 정도, 비구조된 상담, 비체계적
회기	단회, 단기 · 중기 · 장기상담	단회, 단기상담
기간	내담자 문제 발생~종료	학기 초, 아동의 문제행동 발생 시 수시로
매체	주로 대면	학기 초는 대면, 이후는 전화, 알림장 등
상담자	훈련받은 전문 상담자	영유아 교사, 원장
임상훈련 경험	필수	선택(없는 경우가 대부분)

영유아 학부모 상담 방식

> "요즘은 (부모님들이) SNS로 연락을 해오세요. 읽음 표시가 있으니까 가능한 한 빠르게 답을 해요."

매체가 다양해지면서 교사가 학부모를 만나는 공간도 오프라인 공간에서 온라인 공간으로, 시간의 구애 없이, 대면뿐 아니라 스마트기기나 전화 등 다양화되고 있다. 기관에서의 영유아 학부모 상담, 개인 상담을 중심으로 진행되며, 매체를 중심으로 구분된다.

| 전화상담

보육기관 교사들이 학부모들을 직접 만나는 경우도 많지만, 상담의 대부분은 전화를 통한 짧은 대화로 이루어진다. 아동들의 일상이나 관련 질문들의 주요 창구인 셈이다. 전화는 교사를 직접 만나지 않고 정보를 얻거나 요청사항을 들을 수 있어 학부모의 부담이 적고, 교사들 역시 대면상담보다는 전화상담을 선호한다.

일반 상담에서는 전화상담이 익명성을 기반으로 하는 경우가 많다면, 보육기관의 경우는 대부분 교사와 학부모가 서로의 존재를 알고 있는 경우가 많다. 등원이나 하원 시 전화가 가장 많기에 대개 짧은 시간에 상담에 응대하게 된다. 그 외 대부분의 전화상담은 공식적인 개인 상담을 하기 전인 학기 초에 하여 학부모와 대화를 통해 유아교육기관에서 있었던 특별한 일이나 유아의 긍정적 특성, 발달현황 등에 대해 알려주며, 부모와 교사 사이에 유대감을 높일 기회로 사용된다. 다치거나 돌발적인 문제 상황이 아니더라도 유아의 일상생활과 관련된 것을 부모에게 알리며 교사-학부모 간 친밀감과 신뢰감을 확보하는 데 도움이 된다.

| 인터넷과 SNS 상담

최근 인터넷 보급이 일반화되면서 보육기관마다 홈페이지를 갖게 되었다. 나아가 카카오톡이나 밴드 등 SNS가 일반화되면서 보육기관에서는 학부모 응대를 위한 미디어 창구를 갖게 되었다. 이메일을 통한 상담이나 SNS를 활용한 상담이 점차 증가하고 있으며, 상담 요청에 대한 반응도 경우에 따라서는 실시간으로 해야 하는 경우가 현저히 늘어나고 있다.

영유아 교육기관에서 스마트기기는 교사-부모 간의 의사소통에 주로 사용된다. 부모-교사 의사소통 시 카카오톡 사용 빈도가 높고, 평균 주 1~2회 대화를 나눈다. 스마트기기 사용 시간은 등·하원 시간 전후에 가장 많고, 영유아의 결석 정보를 가장 많이 주고받는다. 가장 유용한 효과는 급작스런 상황에 신속하고 용이한 연락에 효율적이라고 보았으나, 부모의 잦은 연락으로 시간의 경계가 무너지면서 업무량이 증가했다.[42] 특히 수업 중 스마트기기로 부모 메시지에 반응해야 하는 경우나, 퇴근 후 받는 스마트기기 의사소통에 대한 부담을 크게 느낀다.[43] 유아 교사의 76.3%가 일과 중 스마트폰을 사용해 수시로 학부모와 의사소통을 하고 있었으며, 유아 교사의 92.7%가 일과 중 스마트폰을 보고 있지만 58.8%는 스마트폰 사용지침에 대한 교육을 받은 적 없다고 보고했다.[44]

대면의 부담을 줄이기는 하나, 스마트기기를 통한 부모상담은 시스템의 특성상 메시지 확인 여부를 알 수 있어 답변 시간이 지연될 경우 교사-부모 간 신뢰에 부정적인 영향을 미치기도 한다. 그럼에도 교사 입장에서는 정보나 상황 확인 후 답을 할 수 있고, 대답을 지연할 수 있으며, 이모티콘 등을 통해 감정표현의 수월성을 확보할 수 있다.

| 대면상담

개별상담은 부모와 교사의 일대일 관계에서 이루어지며, 유아교육기

관에서의 교육 효과를 높이고, 유아에 대한 이해를 돕기 위해 상호 협력적인 의사소통으로 그 형식과 실시 시기에 따라 설정되는 목표가 다르다. 부모에게 유아교육기관에서 실시하는 프로그램에 대한 설명을 해줄 때, 유아의 가정환경과 성장 과정 등에 대한 정보를 얻고자 할 때, 부모가 자기 자녀에 대한 정보나 기대 정도를 알고자 할 때, 부모의 걱정이나 염려를 표현할 기회를 제공받으며 유아의 올바른 인격 형성과 발달을 위해 함께 협력하고자 하는 목표가 있을 때 개별상담은 매우 효과적이다.[45]

비언어적 요소들을 포함하여 학부모의 특성을 파악하기 용이하며, 상호 교류적이고 직접적인 소통을 통해 아동에 대한 많은 정보를 주고받기에 가장 이상적인 상담으로 분류된다. 유아교육기관에서 대면상담은 네 가지 유형으로 나뉜다.

〈표 12〉 유아교육기관에서 대면상담의 네 가지 유형[46]

유형	내용
부모-교사 간 약속 후 계획성 있게 진행되는 상담	• 유아교육기관 내에서 교사가 계획하여 부모와 시간 및 장소 약속 • 방해받지 않는 공간과 충분한 시간 확보 • 안정된 태도와 자연스러운 분위기 구축 • 다루어질 내용에 따른 사전준비로 세밀한 상담 진행 가능
우발적 상담	• 수시로 일어나는 문제에 대해 계획 없이 이루어지는 상담 • 주로 부모가 먼저 요구하는 경우 • 상호 신뢰와 진지한 노력 필요 • 미리 부모에게 언제든지 상담이 가능하다는 것 고지 • 부모의 환경적 조건(직업, 시간 등)에 대한 지식 필요
가정방문을 통한 상담	• 유아에게 문제 발생 시 교사 혹은 상담사가 방문하여 해결책 모색 • 현재는 아주 특별한 경우가 아니면 가정방문은 거의 실시하지 않음
전문가와 함께하는 상담	• 상담 효과는 교사의 진행과 기술능력에 따른 차이 고려 • 전문가와 부모 사이에 원만한 상담이 이루어질 수 있도록 노력 • 교사는 신중하게 전문가의 조언이나 상담내용을 기록하여 추후 사용

2.
영유아 교사의 상담역량

> "기술이 사람을 움직입니다."

―

영유아 교사에게 필요한 부모상담 역량 요소

상담역량은 상담을 통해 문제와 상황을 해결하기 위한 지식과 실무 기술을 갖추어 내담자의 문제를 바람직한 방향으로 풀어가기 위해 필요한 상담에 관련된 모든 능력을 말한다. 대개 상담역량은 상담자의 태도와 기술, 전문성, 내담자 이해, 소통의 기술로 압축할 수 있는데, 영유아 교사의 상담역량과 내용은 교사의 인성과 태도, 상담기법, 전문성, 분석력, 소통기술이라 할 수 있다. 인성과 태도라면 문제 앞에 위축되지 않는 진실성, 공감적 이해, 수용적이고 포용적인 태도, 친절과 인간적 존중감, 부드러움과 건강한 회복탄력성을 요소로 한다. 상담기법은 라포 형성과 질문법, 적극적 경청, 되묻기, 요약하기, 공감적 반영, 침묵, 칭찬, 상담 운영, 불안과 분노 다루기 등 상담 과정을 다루는 포괄적 기술을 말한다. 전문성은 유아 특성 파악 및 상호작용, 유아 교육과정 설계와 수행, 환경조성, 공정성, 전문가로서의 자부심을 말한다. 분석력은 부모 특성과 욕구 파악이나 부모-유아의 세대 특성 분석, 부모의 반응 분석 등 전문적 분석 능력을 말하며, 소통기술은 상담을 진행하는 데 필요한 대화와 분위기 구축 능력으로 경청과 반영, 말의 속도와 내용의 명확성, 문서와 SNS 등 적절한 매체 활용, 수용범위 정하기, 효율적 대화기술 등을 포함한다. 필요한 내용을 정리하면 다음과 같다.

<표 13> 영유아 교사에게 필요한 부모상담 역량 요소

영역	내용	영역	내용
인성과 태도	• 위축되지 않는 진실성 • 공감적 이해 • 수용적이고 포용적인 태도 • 친절과 인간적 존중감 • 부드러움과 건강한 회복탄력성	전문성	• 유아 특성 파악 및 상호작용 • 유아 교육과정 설계와 수행 • 환경조성 • 공정성 • 전문가로서의 자부심
상담 기법	• 라포 형성, 질문법 • 적극적 경청, 되묻기, 요약하기 • 공감적 반영, 침묵, 칭찬 • 불안과 분노 다루기 등	소통 기술	• 경청과 반영 • 말의 속도와 내용의 명확성 • 문서와 SNS 등 적절한 매체 활용 • 수용범위 정하기 • 효율적 대화기술
분석력	• 부모 특성과 욕구 파악 • 부모-유아의 세대 특성 분석 • 부모의 반응 분석		

효과적인 영유아 학부모 상담을 위한 전략

영유아 부모들이 상담을 받는 이유는 양육에 최선을 다하고자 하는 마음과 실제 양육 능력의 부족을 실감하며, 아이들과 많은 시간을 보내는 교사를 통해 정보를 얻는 데 있다. 학부모들은 불만보다 불안이 크고, 자신감보다는 걱정이 많으며, 자녀에 대해 착각하는 경우도 있지만 완벽한 육아를 꿈꾸는 경우도 많다. 그러나 실제 양육 상황에서 발생하는 숱한 변수들에 대한 통제는 어렵고, 즉각적인 도움이나 지침도 많지 않기 때문에 부모 역할에 혼란을 겪기 쉽다.

특히 자녀가 부적응행동을 보이거나 문제행동을 보일 경우, 부모의 역할 혼란은 더 가중되며 교사에 대한 의존도가 높아진다. 최근 정보가 많아지면서 전문적 조언과 정보 제공으로 아동에 대한 이해나 분석, 심지어 진단까지 부모가 직접 하는 경우가 있으나, 기관에서 많은 시간을 보내는 영유아의 경우 부모가 보지 못하는 시간과 공간에서 영유아의 정보를 가진 교사에 대한 관심과 의존은 커질 수밖에 없다. 학부모의 불안과 소망은 교사에 대한 신뢰와 평가라는 복잡한 역동을 안고 방문상담이나 전화상담으로 이어진다.

성공적인 면담이나 상담을 위한 기본 전제가 있다. 무엇보다 긍정적인 교사-학부모 관계를 형성하는 것이다. 좋은 관계는 좋은 해석과 평가로 이어진다. 더불어 교사의 상담기술이 다소 부족하다 하더라도 긍정적 관계는 상담의 어려움과 부담을 낮추고 까다로운 부모의 비판적 평가를 최소화한다. 두 번째는 아동에 대한 전문적 지식을 확보해야 한다. 교사의 주관적 이해나 아동에 대한 견해가 학부모에게 충분히 납득되지 않는 경우라도 탄탄한 이론을 통해 교사의 시각과 입장에 대한 논리적 지지력을 구축할 필요가 있다. 세 번째는 대화기술이다. 학부모의 감정을 읽고 반영과 질문법 등 대화의 기본적인 방법만 활용해도 교사-부모의 신뢰를 높일 수 있다.

| 정보 탐색과 사전 연습 전략

"역할극처럼 말이군요!"

학부모 상담은 낯설고도 두렵고, 걱정스러우면서도 설레며, 피할 수 없는 만남이기에 미리 계획한다면 더욱 원활한 상담 진행이 가능하다. 먼저, 교사는 부모상담 이전에 서류를 통해 학부모에 대한 기본적인 사항을 확인할 필요가 있다. 가족관계나 유아 특성을 적은 부모의 글씨체와 내용, 부모의 학력이나 특이점 등은 부모상담이 진행되기 전 교사에게 중요한 마음 준비를 하는 데 도움이 된다. 또한 아동이 해당 기관에 오래 다닌 경우, 이전 학년 혹은 반의 교사에게 아동과 부모의 특성이나 도움이 될 만한 정보를 물어보는 것도 좋다. 교사는 자료를 선별하고 정보를 탐색하면서 만나게 될 부모에 대한 전반적인 정보를 획득하면서 좀 더 자신 있고 안정적으로 상담을 할 수 있게 되며, 상담 시 간과할 수 있는 부분들을 상담 현장에서 구체화하여 상담을 풍성하게 하고 학부모의 신뢰를 높일 수 있다.

사전 연습은 상담하는 장면을 머릿속에 떠올리는 상상의 시뮬레이션과 실제 동료 교사나 선임 교사와 함께 역할극처럼 상담을 시연해보는 것을 말한다. 전적으로 혼자 부모상담을 준비한다는 것은 심적 부담이 클 뿐아니라 돌발 상황에 대처하기 어렵다. 주임 교사나 선임 교사처럼 경력이 많은 교사들과 협력하여 상담의 부담을 줄일 수 있다. 상담 주제를 선별해보고, 마치 예제를 풀 듯 예상 질문과 예상 상황들을 예측 가능한 주제로 변경하는 과정이다. 특히 이 과정에서 실제로 한 역할극 등의 시연을 간단히 기록하여 이후 상상의 시연으로 확장하는 것도 좋다. 예상 질문이나 예상 상황은 일상적인 상황에서 "선생님이 잘못하신 것 아닌가요?" 등의 공격성 질문 같은 당황스런 상황에 대한 대처를 비롯하여 어머니 상담부터 아버지 상담, 조부모 상담, 한부모 상담, 다문화 부모상담 등 가능하면 다양한 환경을 구성해 시연해보는 것이 좋다. 이 과정은 교사의 학부모 상담 부담을 줄이고, 교사의 적극적인 상담을 촉진하여 교사의 상담 능력을 강화하는 데 도움이 된다.

<표 14> 정보 탐색과 사전 연습 전략

항목	내용
정보 탐색	• 해당 서류를 통한 기본 사항 확인 • 가족관계, 유아 특성에 대한 부모의 평가, 학력, 특이점 등 • 이전 학년(반) 교사를 통한 사전 정보
협의 및 사전 연습	• 자료를 바탕으로 한 상상 시연 • 선임 교사와의 역할극 시연 • 상담주제 선별 등으로 예상 질문과 가능 상황 기록 • 일상적 주제 시연에서 당황스런 상황 시연까지

| 긍정적 상담 분위기 구축 전략

"교사만 불안한가요. 부모도 불안해요!"

상담환경은 심리안정과 심리 결정에 영향을 미친다. 상담 장소는 가능하면 방음장치가 되거나 말소리가 새어나가지 않으면서 외부소음이 최소화된 곳이 좋다. 대부분 기관에서 진행하는 상담의 경우 다른 아동들의 말소리가 들리거나 상담을 마치고 남아 있는 부모 혹은 일찍 도착한 부모들이 있을 수 있기에 최대한 상담 비밀이 보장되어 심리적 안정과 집중도를 높일 수 있도록 한다. 적절한 온도 역시 중요하다. 따스한 느낌이 들 정도의 온도가 적절하며, 학부모가 스스로 체온을 조절할 수 있도록 여분의 의자 등 겉옷을 벗어놓을 공간을 마련하는 것도 좋다.

달콤한 간식은 도파민 분비를 촉진해 학부모의 기분을 좋게 하고 상담 분위기를 원만하게 하는 데 도움이 되며, 긴장에 따른 목마름을 해소하고 어색해하는 학부모의 시선을 둘 대상으로 취향에 따라 미지근한 차 정도로 준비하면 좋다. 조명은 기관의 분위기나 교육 분위기와 심상을 연결하기에 가능하면 밝고 화사한 분위기로 하며, 가능한 한 창문이 있는 공간을 선택하여 심리적 환기와 민감한 부모가 느낄 수 있는 답답함을 예방하는 것이 좋다. 상담 장소가 따로 구비되어 있는 기관이라면 그곳에서 상담을 진행하고, 약속 시간보다 일찍 오는 부모들을 위해 사전에 대기 장소를 마련해두면 좋다. 부모가 앉을 자리는 복도와 출구가 보이지 않는 쪽을 선택하고, 상담실 문을 닫아 시선과 관심을 상담자 쪽으로 집중시키는 것이 좋다.

영유아 교사의 복장과 머리 등 외관은 학부모 맞이 준비를 하느라 신경 쓰지 않는 경우가 많은데, 기관에서 아동들과 함께 있는 복장이면 된다. 다만 땀 냄새 등 냄새가 나거나 얼룩이 진 앞치마 등을 하고 있는 경우 위생상 오해를 불러올 수 있고, 교사의 긴 머리는 영유아 학부모에게 혹시 돌봄 상황에서 아이의 눈을 찌르지 않을까 하는 우려를 줄 수 있으므로 가볍게 묶는 것이 좋다.

본격적인 상담이 시작되면, 초기 5분이 매우 중요하다. 특히 영유아 학부모 상담은 평균 30분 정도로 비교적 짧고 학부모의 집중도가 높은 편이라 좋은 시작이 상담의 전체 분위기로 이어지는 경우가 많다. 누구나 자녀가 골칫거리거나 근심을 유발하는 아이라는 평가를 받고 싶어 하지 않는다. 아동의 문제를 주제로 상담하는 경우라도 부모의 마음을 안정시키고 아이의 장점을 전제하는 것이 학부모 상담에서 매우 중요하다. 특히 짧은 상담에서 집중적으로 아이의 문제행동에 대해 논의할 때도 반드시 아이의 장점에 대한 대화 비율을 최소 40% 이상 정하는 것이 좋다. 장점은 더 큰 소리로 말하는 것이 효율적이다. 아이의 문제행동을 부모가 직접 보는 것과 듣는 것은 불쾌감과 우려의 정도가 다르다. 교사의 부정적 평가는 학부모에게 훨씬 더 크게 들리고, 집에 돌아가서도 부정적인 잔상이 남아 있기 쉽다. 학부모와 적대적인 관계 구조를 먼저 구축할 경우, 나머지 대화도 부정적인 영향을 받기 쉽다. 따라서 긍정적 평가로 시작하여 부모를 안심시킴으로써 부정적 사건에 대한 부모의 불안을 덜어내고 학부모가 상담에 더욱 적극적으로 참여하도록 하는 것이 좋다. 교사만 불안한 게 아니라 부모도 교사와의 만남이 긴장되고 부담스럽다는 것을 기억하라.

그리고 영유아와 관련된 긍정적이고 유쾌한 생활사건을 덧붙이면 좋다. 교사와 영유아 사이 혹은 또래 사이에 재미있었거나 협력했던 일, 칭찬했던 일 등을 가능하면 구체적으로 언급하여 교사가 아동에게 사랑과 관심을 가지고 있으며, 아동과 좋은 관계를 맺고 있다는 점을 알리는 것이 좋다. 이 과정은 상담에서 교사-학부모 관계에도 긍정적인 영향을 미치는데, 아동의 이런 생활 삽화는 스토리처럼 전달되며 부모의 기분 좋은 상상과 기억을 집으로 가져가 자녀에 대한 부모의 만족감을 높이는 데 기여한다.

〈표 15〉 긍정적 상담 분위기 조성 전략

항목	내용
밝고 안정적인 상담환경 구성	• 적절한 온도와 최소한의 소음 • 달콤한 간식과 미지근한 온도의 차 • 창이 있는 방과 밝은 조명 • 가능하면 상담실이나 원장실 • 대기 장소 확보 • 부모 자리는 복도가 보이지 않는 방향으로 • 영유아 교사의 복장
긍정적인 분위기로 시작	"어머니, 연이 그림인데 좀 보세요. 정말 기막히게 잘 그리지요?" • 초기의 높은 불안 해소 • 적대적 관계 구축 최소화 • 장점 비율 40% 이상 • 좋은 정보는 더 큰 소리로 말하기
유쾌한 생활사건 활용	"지난주 수요일 점심을 막 먹고 났을 때, 화장실 다녀오던 초이가 장난감에 걸려 넘어진 걸 수근이가 달려가 얼른 일으켜주더니 '괜찮아? 너는 잘 일어날 수 있어' 하고 말하는 거예요. 우리 반 모두가 감동해서 박수를 쳐주었어요. 잊을 수 없는 장면이에요." • 구체적인 사건 묘사 • 긍정적 기억 잔상 • 교사-부모 신뢰 증가 • 자녀 만족감 강화

"외동으로 집에 있을 때와는 다르지요? 그게 이런 측면에서는 큰 장점이 됩니다."

부모들은 교사가 생각하는 이상으로 교사의 말과 행동에 집중한다. 교사가 집중하거나 무게를 두는 이상으로 부모들의 반응은 내·외부에서 크게 나타난다. 작은 이야기에도 많이 놀라거나 단어 하나에도 심각하게 반응한다. 교사가 다수의 아동을 장기적으로 교육하며 아동의 일반적 기준과 특성을 아는 것과 달리, 학부모는 자신의 자녀를 통한 제한적 경험과 기준으로 아동의 정상적·일반적 발달상의 행동 특성에 대한 이해가 다를 수 있다. 따라서 학부모에게 자녀의 행동 특성과 함께 일반적 아동의 특징 정보를 함께 제공하여 자녀에 대한 학부모의 불안과 걱정을 줄이고, 자녀에 대한 폭넓은 이해로 자녀의 미래를 긍정적으로 구축하도록 하는 것이 좋다.

아이들을 교육하다 보면 DSM-5의 진단기준과 딱 맞는 경우가 있다. 그러나 아이들이 보이는 몇 가지 증상만으로 진단하는 것은 주의해야 한다. 상담자로서 교사는 아동 문제에 대한 객관적이고 전문적인 이해를 전달하는 능력이 있어야 하지만, 안다고 해서 정확한 것이 아니고 아는 모든 것을 학부모에게 이야기하는 것도 신중해야 한다. 교사들은 학부모 상담 시 자기 생각과 경험을 통한 판단을 전달하게 되는데, 그 역시 한정적 지식과 경험의 범위 안에 있기에 경력 교사라 할지라도 자신의 견해를 넘어 다양한 가능성을 통해 아동의 행동을 평가하고 판단해야 한다. 특히 주관적 진단에 따라 ADHD, 아스퍼거 등과 같은 병명을 구체화하는 것은 금물이다. 병명은 부모의 좌절과 염려로 아동을 위태롭게 하기도 하며, 올바른 문제해결의 방향에 전혀 도움이 되지 않는다. 교사의 잘못되거나 서툰 판단은 각별히 성찰할 필요가 있다. 또한 아이의 발달이나 특성에 문제가 있다고 판단되는 경우라도 전문가를 통해 확인할 것을 권하는 게 좋다.

교사들이 부모에게 자녀에 대한 정보나 조언을 제공할 때는 발달의 긴 안목을 가지고 향상과 발전에 강조점을 두어야 한다. 상담 이후 학부모의 정서적 안정과 긍정적이고 희망적인 부모-자녀 관계를 갖도록 해야 한다. 교사의 긍정적인 시각이 학부모에게 전달되고, 이후 가정에서 그 시각이 그대로 자녀와의 관계로 이어지며, 가족 안녕에 건강한 영향을 미치도록 하는 것이 좋다.

〈표 16〉 아동에 대한 전문적 이해와 교사의 긍정적 시각 전략

항목	내용
일반적 아동 특성 제시	"아이들이 딱 고맘때면 그런 일이 생기더라고요. 애들은 참 비슷하죠?" • 아동의 일반적 특성 제시 • 자녀의 특성 제시 • 일반 사례와 수평 평가
주관적 진단 배제 및 가능성 제기	"일반적 검사 차원에서 한 번쯤 전문가를 만나보시는 것도 괜찮을 것 같아요." • 문제행동 단일 사례 평가 주의 • 주관적 진단 및 병명 발언 주의 • 일부 가능성이 있을 경우 전문가를 통한 확인 제안
조언과 긍정적 지지	"짓궂어도 우리 반 분위기 메이커에 레고 1등이에요. 창조성이 반짝반짝해요." • 단점은 긍정적 변화 가능성과 묶어서 설명 • 긍정적 시각 강조

| 신중한 언어 선택과 대화 기술 전략

"이렇게 했더니 아이의 변화가 눈에 보이더라고요. 어머니, 지영이는 변화를 기대할만한 아이입니다!"

대화 과정에서 교사와 학부모가 협력자로서 상호 신뢰와 존중감을 갖게 되는 것은 주로 주제와 전달 방법에 따라 결정된다. 다만 전달 과정에서 교사에게는 일상적인 단어가 학부모에게는 매우 낯설거나 다른 뜻으로 이해되는 경우가 있는데, 전문용어는 특히 그렇다. 학부모 상담의 목적을 성취하는 것이 중요하며, 전문용어를 쓴다고 전문적으로 보이는 것이 아니다. 자신의 지식이나 이해를 학부모들에게 전달할 때 전문용어나 외국어를 사용하는 경우, 소통의 어려움을 가져올 수 있고 학부모에게 부정적인 인상을 줄 수 있다. 학부모 상담을 진행할 때는 전문용어보다 어떤 수준의 부모라도 이해할 수 있는 용어나 말을 선택하는 것이 좋다. 병리적 진단 용어를 사용하는 것 역시 주의해야 하며, 잘 모르는 말은 차라리 안 쓰는 것이 낫다.

원활하고 성공적인 학부모 상담을 위한 전략으로 말의 속도 조절이나 시선 조절은 의미가 있다. 학부모와 이야기할 때는 비교적 천천히 말해야 한다. 학부모 중에는 빠르게 말하면 잘 알아듣지 못하는 경우가 있고, 빠른 말은 교사가 서투르거나 서두르는 인상을 줄 수 있다. 또한 발음이 부정확한 경우는 학부모들이 답답해하거나 수업 시간에도 그렇지 않을까 하는 우려를 가져온다. 천천히 그러나 명확하게 말하기는 학부모들의 신뢰나 이해를 높이는 데 도움이 된다. 교사의 시선은 학부모의 눈에 가는 것이 좋으나 지나치게 뚫어져라 바라보는 것은 학부모에게 공격적인 인상을 주기에 학부모의 눈과 준비한 자료를 번갈아 가며 쳐다보거나 부모가 함께 온 경우 두 사람을 번갈아서 보는 것이 좋다.

상담을 종료하는 시점에 긍정적 시각 자료를 제공하는 것은 기분 좋은 잔상을 남기고, 부모가 귀가한 후 가정에서 그에 대한 이미지를 나눌 가능성이 크기에 상담에 대한 좋은 여운을 준다. 영유아의 잘된 작품이나 부모의 얼굴이 들어간 작품, 밝은 이미지의 사진과 단체 사진 등은 아이의 활동과 수업 분위기를 예측하게 하며, 자녀가 부모를 사랑하고 기억한다는 인상을 주기에 가족 전체에 긍정적인 영향을 미친다.

〈표 17〉 신중한 언어 선택과 대화 기술 전략

항목	내용
민감한 단어 최소화	"산만하다고 하지만, 그만큼 많은 것에 흥미와 관심이 있다는 말이지요." • 전문용어 자제 • 진단용어 자제 • 모르는 말은 안 쓰기 • 단어 재해석 및 재정의
언어적 · 비언어적 기술	• 말의 속도 조절 • 명료하게 발음하기 • 시선 조절
상담 종료 시 긍정적 시각 자료 제시	"아, 어머니, 이 사진 좀 보세요. 저는 볼 때마다 웃음이 나요. 이렇게 사랑스럽다니까요!" • 영유아의 성공적 작품 • 부모의 이름이나 그림이 포함된 작품 • 밝은 이미지의 사진과 집단 사진

3.
영유아 학부모 상담 과정

"순서대로 하니까 덜 떨리고 빠짐없이 할 수 있었어요."

영유아 학부모 상담은 구조화되었을 때 가장 효율적이다. 상담은 자료수집, 자료정리, 면담계획 짜기로 시작된다. 상담에 대한 안내는 대부분 가정통신문을 통해 2주 전에 미리 공지하지만, 학부모들이 잊지 않도록 상담과 가까운 시일 안에 한 번 더 안내하고, 시간 변경이 필요한 경우 조절하여 참여율을 높이도록 한다. 부모상담 설문지, 관찰기록지, 각종 검사 결과 등의 자료는 누적된 객관적이고 구체적인 자료로 교사와 상담에 대한 신뢰도를 높인다. 자료를 수집하고 난 후 교사의 역할은 자료를 정리해 유아의 발달 상황을 총괄적으로 종합하고 평가하여 부모와 상의할 내용을 정리한다.

상담을 위해 학부모가 보육기관에 도착하면 동료 교사의 안내를 받아 담임교사에게 갈 경우, 앞 상담 지연으로 상담이 밀리면 도착한 학부모에게 양해와 협조를 구하고, 상담 시간과 장소, 방법 등의 규칙을 고지한다. 기다리는 동안 간단한 다과를 제공하면서 상담에 대한 희망적인 분위기를 구축하고, 상담 시간이 되면 상담교사에게 인도하고, 상담교사는 학부모를 맞으러 나온다.

　본상담은 담임교사의 인사와 자기소개 등 간단한 나눔을 갖고 라포도 함께 형성한다. 교사-부모 모두가 서로를 파악하고 관찰하는 시기이기에 마음의 안정을 갖도록 하는 편안한 분위기가 좋다. 교사는 이때 부모의 언어적 · 비언어적 요소들, 즉 말투, 표정, 눈동자의 움직임, 손과 발의 움직임, 외양, 자세, 목소리의 높낮이, 헤어스타일 등 다양한 내용을 파악하는 것이 좋다. 교사는 아동을 중심으로 장점을 먼저 언급하여 긍정적인 분위기로 대화를 시작한다. 다만 부모가 겪고 있는 자녀와의 부정적인 관계나 구체적인 문제행동에 관해 상담을 요청하는 경우에는 부모가 더 많은 이야기를 할 수 있도록 배려하면 좋다. 부모의 말을 요약하고, 반복 · 환원하는 것은 경청하고 있다는 의미를 전달한다는 것임을 인지해야 한다.

　이 과정에서 부모가 생각하는 자녀의 특성에 대한 해석이나 전반적 가정생활, 형제 관계, 양육 태도 등을 파악할 수 있다. 무엇보다 부모가 생각하는 영유아 문제를 충분히 경청하고 구체화하며, 문제 확인 후 교사의 생각을 말하기보다는 부모가 어떤 노력을 해왔는지, 그 결과가 어떠했는지를 확인하는 것이 좋다. 충분히 부모의 노력과 결과를 들었다면, 빠져있는 솔루션을 제공하는 등 교사의 생각, 예방법, 촉진법, 습관 형성, 진단 등을 신중하게 제안하거나 조언하는 것이 좋다. 마지막에는 영유아에 대한 긍정 평가와 희망적 시각을 제공하여 긍정적 정서로 상담을 마치도록 한다.

상담을 마친 후에는 상담기록일지를 작성하고, 상담자로서 교사의 자기분석을 해보며, 이후 동료 교사 및 원장과 집단 평가를 나누는 게 좋다. 이후 추수 상담에서는 전화나 다른 매체를 통해 라포와 상담 내용을 기억하며 부모의 안부를 묻고, 상담 주제 확인 및 어떤 변화가 있었는지

〈표 18〉 영유아 학부모 상담 과정과 내용 및 수행 주체

상담 과정	상담 내용	수행 주체
상담 준비	자료수집-자료정리-상담계획	담임교사
부모 맞이	① 협조 구하기 ② 규칙 전달 ③ 희망적 분위기 구축 ④ 담임교사에게 인도	동료 교사
상담 진행	① 자기 개방 ② 라포 형성 ③ 영유아에 대한 교사의 기초평가: 긍정적인 부분 먼저 시작하기 ④ 부모의 자녀 평가 확인: 자녀 해석/가정생활/형제 관계 ⑤ 부모가 생각하는 영유아의 특징과 문제 ⑥ 문제의 확인 ⑦ 부모의 해결 노력 확인 ⑧ 교사의 제안과 조언: 생각, 예방, 촉진, 습관, 진단 ⑨ 영유아 긍정 평가와 희망적 시각 제공 ⑩ 상담 종결	담임교사
면담 평가	① 상담기록일지 작성 ② 상담자의 자기분석 ③ 동료 교사 및 원장과의 집단 평가	담임교사 동료 교사 원장
추수 상담 (follow-up)	① 안부 ② 상담 주제 확인 및 변화 탐색 ③ 칭찬과 지지 ④ 추수 상담 후 평가와 기록	담임교사

탐색한 후 그 경과에 따라 칭찬과 지지를 보내고 이후 상담을 평가하고 기록하도록 한다.

4.
영유아 학부모 상담 기술

"사람이 말하지 않는다. 기술이 말한다."

영유아 학부모 상담 핵심기술

상담자로서 교사의 능력은 상담의 목표를 달성하도록 돕는 능력이라 할 수 있다. 보육전문가로서 교사의 장점과 소명 의식, 생애 경험에서 배운 요소들, 그리고 상담기술을 통합하여 학부모와의 대화를 잘 이끌어가야 한다. 상담 영역이 다양해도 한결같고 항구적인 동일한 목표가 있다.

- 기쁨 경험과 희망을 갖게 하기
- 정서적 표현 기회 제공하기
- 문제에 대한 해석과 설명
- 왜곡된 인지 수정하기
- 새로운 행동 실험
- 지지와 충고

이 목표는 학부모를 만나는 교사의 상담목표와도 일치한다. 정서적인 지지와 문제해결, 정보 제공, 교육적 함의를 포함하는 효율적 개입을 위한 상담기술은 다음과 같다.

| 적극적 경청

적극적 경청은 열심히 들으라는 의미만은 아니다. 전문적 듣기는 상담자가 끼어들고 싶은 유혹을 견디며 듣는 과정이자 상대가 생각과 느낌을 스스로 말하고 들어볼 기회를 갖는 것이다. 경청의 방법은 비언어적 방법으로 고갯짓이나 손짓으로 '더 이야기해보라'라는 의미를 전달하는 방법과 질문 방식의 언어적 표현이 있다. 적극적 경청을 위한 질문은 다음과 같다.

- 어머니, 조금 전에 ~라고 말씀하셨죠? 조금 더 자세히 말씀해주시겠어요?

- 아이 마음은 어떤 것이었을까요?
- 다른 것들은 기억나지 않나요? 기억나는 게 있다면 말씀해주세요.
- 그건 어떤 의미일까요?
- 그때는 어떤 마음이 드셨어요?

| 질문과 바꾸어 말하기

질문은 학부모가 자신의 느낌과 행동, 생각에 대해 탐색하도록 돕는 방법으로, 중요한 질문을 직접 하거나 "그건 중요한 질문이에요. 어떻게 생각하세요?" 등 학부모 스스로가 자신이 한 질문에 대해 대답하도록 도울 수 있다. 바꾸어 말하기는 학부모가 말한 내용의 핵심을 다른 말로 바꾸어 표현하는 것으로, 이야기를 명료화하는 데 매우 효율적이다. 이것은 반복하기보다 더 전문적인 기술이고 더 효율적인 방법이다. 교사는 중요한 사항을 간결하게 질문 방식으로 던지고, 학부모가 더 상세하게 설명하며 탐색하게 하도록 독려하는 방법이다.

- 그건 중요한 질문이에요. 어머니는 (다른 말로 바꾸어서) ~하는 것처럼 보이는데요, 그런 건가요?
- 아까 ~라는 질문을 하셨는데요, 그러니까 어머니께는 (다른 말로 바꾸어) ~라고 느껴지는군요. 그런가요?

| 불편하거나 고통스런 감정 관리하기

학부모들에게 아동의 문제는 자기 자신의 문제 이상으로 고통스럽고 혼란스러운 일이다. 자기감정을 표현하는 것만으로도 기분이 나아지는데, 이때 교사가 자신의 정서를 이해한다고 느끼거나 부모가 느끼는 고통을 공감해줄 수 있다고 느낀다면 부모들은 큰 위안과 믿음을 갖게 된다.

- 그런 상황에서 어떻게 견디셨어요, 세상에!
- 그럴 때 아이를 보면서 한편으로는 화가 나지만, 또 다른 한편으로는 죄책감을 느끼시는 것 같아요. 어떠세요?
- 금방이라도 우실 것 같은데요, 많이 괴로우셨나봐요?
- 아이에게 상처 주는 것 같아 많이 괴로워하시는 것 같아요.

| 격려하기

학부모들이 아이 문제로 우울해하거나 불안해하는 경우, 대개 상황이 나아질 것이라 생각하지 않고 오히려 아이들이 크면 더 힘들어질 것이라 생각한다. 이럴 때 교사는 학부모를 직접적으로 격려해줄 필요가 있다. 상황을 낙관하고, 일반적인 아동 사례를 통해 개선 가능성을 알리고 잘해낼 수 있을 것이라는 희망을 불어넣으며 긍정적인 신호를 줄 필요가 있다. 이때 유머도 상담 분위기를 좋게 만들 수 있다.

- 그럼요. 저는 이 문제가 충분히 좋아질 수 있다고 봅니다.
- 어려울 수도 있지만 어머니라면 잘해내실 수 있습니다.
- 아이와 어머니, 그리고 교사인 저희가 함께하잖아요.
- 고민한다는 건 매우 긍정적인 신호인걸요. 고민하는 자가 해결도 잘한다잖아요.
- 아이가 얼마나 영특한데요.

| 피드백

피드백은 상황의 전환점을 만들고 문제해결을 촉진하는 기능을 한다. 피드백할 때는 평가보다는 관찰한 것을 명확하게 전달하고, 전문용어보다는 학부모가 이해할 수 있는 말이나 예, 설명을 사용하는 것이 좋다. 학부모가 실제로 변화할 수 있는 부분에 초점을 맞추는 것이 좋으며, 논쟁적인 방식의 피드백은 피하는 것이 좋다.

- 많이 지치셨는데 일이 하나 더 생긴 거라 힘드실 것 같은데요. 어떠세요?
- 함께 나누었던 대안 중 도움이 되는 것이 있었나요?

| 침묵

상담자로서 교사의 강력한 도구 중 하나는 침묵이다. 아무것도 하지 않는 것 같은 침묵은 더 많은 의미와 해석을 품고 있다. 침묵은 잠시 단절된 느낌을 주기 때문에 학부모들은 교사의 침묵 앞에 자주 당황한다. 교사들은 침묵을 사용하는 경우가 거의 없는데, 이는 교사들의 관습적인 서비스 신념 때문이다. 물론 학부모의 침묵도 교사들에게 쉽지 않은 해석의 공간이지만, 상담기술로서 침묵은 교사가 전략적으로 사용할 수 있는 기법이다. 침묵 이후 전달하고자 하는 중요한 내용을 천천히 말한다면, 학부모는 더욱 귀 기울여 교사의 말에 집중하게 된다. 기억하자! 침묵은 정지가 아니라 전진이다.

| 해석하기

교사는 아이 혹은 학부모에게 발생한 사건이 교사와 부모, 그리고 아동에게 어떤 영향을 미치는지 부모의 이해를 확인할 수 있다. 교사가 질문을 제기하고 학부모가 스스로 해석하게 하는 게 가장 좋다.

- 아이를 더 잘 이해하고 싶으신가요?
- 왜 그렇게 아이 행동에 대해 같은 감정에 빠지는 걸까요?
- 아이에게 그렇게 반응하는 건 어떻게 배우게 된 걸까요?

| 지지와 제언하기

학부모들은 상담하러 오기 전에 자신들이 무엇을 해야 하는지 어느 정도 예측하고 있다. 따라서 학부모들은 교사가 뻔한 충고 같은 말을 하기를 원치 않는다. 지지와 제언은 라포를 강화하고, 학부모의 발전을 도우며, 정보를 제공하기도 한다.

- 어머니께서는 이 방법에 대해 이미 생각해보셨을 겁니다. 그런데 그 방법이 왜 통하지 않았을까요?
- 육아가 힘들지요. 조금 더 잠을 주무셔야 할 것 같아요. 하루 30분 만 더 주무셔도 한결 나으실 겁니다.

5.
위기 상황에 활용할만한 지침

보육교사가 아동을 보호하고 교육하는 과정에서 학부모와의 급작스럽고도 당황스런 만남이나 전화를 받는 일들이 많다. 이때 교사들은 위기감을 느끼거나 마음이 조급해지기 쉬우며, 당황하여 눈물이 나는 경우도 있다. 교사가 모든 답을 가졌다는 생각이라도 하는 것처럼 독촉하고 윽박지르는 부모, 무례하고 교사를 무시하는 부모라 하더라도 교사는 이들의 정서적인 욕구나 전문적인 책임 사이에서 지혜롭게 균형을 잡아가기 위해 다음의 지침이 도움이 될 것이다.

- 박자를 세면서 천천히 호흡하라.
- 의자에 앉는 등 안정된 태도를 유지하라.

- 천천히 그리고 또박또박 말하라.

- 차근차근 말하라.

- 기관의 방침이거나 합리적인 방법일 경우 학부모들에게 말하기를 두려워하지 말라.

- 간단하고도 분명하게 말하라.

- 논쟁하지 말라.

- 주어진 정보와 현재 상황에서 지금이 최선이라는 점을 기억하라.

- 필요한 경우 동료 교사나 원장에게 지원을 요청하라.

- 당황스런 상황 종료 후에는 동료 교사들이나 믿을만한 사람에게 그때의 상황과 감정을 말하라.

미주

1   Rabin, A. I. (1965), Motivation for Parenthood, Journal of Projective Techniques and Personality Assessment, 29(4): 405-413.

2   대한민국정책브리핑 "자녀 말에 귀 기울여 대화하는 부모가 좋은 부모", 「아이가 바라는, 부모가 말하는 좋은 부모」 설문조사 결과(출처: https://www.korea.kr/news/pressRelease View.do?newsId=156138744)

3   게리 채프먼(2010), 『5가지 사랑의 언어』, 생명의 말씀사.

4   이 표는 https://blog.naver.com/ruiseme/70179901223에 있는 표를 수정 보완한 것이다.

5   영유아 발달검사와 관련하여 EBS미디어가 출판하고 프로이드심리검사연구소가 지은 EBS 영유아 발달검사 시리즈를 활용하기를 추천한다. 월령별로 필요하거나 의미 있는 검사들을 제공하고 있다. 프로이드심리검사연구소(2015), 『영유아발달검사』, EBS미디어.

6   본 자료는 중앙육아종합지원센터 자료를 바탕으로 한 한국신경발달장애인정보협회의 게시물이다. 아동의 발달은 전 생애의 일부임과 동시에 조기에 장애를 발견하는 등 예방적 차원에도 기여한다. 자료 출처: https://m.blog.naver.com/syy156/222168026435.

7   카우프만 검사와 관련해서는 다음 책을 참고하라. 문수백(2014), 『한국판 표준화 KABC-Ⅱ 전문가 지침서』, 학지사.

8   한국심리주식회사, K-WPPSI-IV(한국 웩슬러 유아지능검사) 기술지침서에서 인용

9   최근 부모들의 요청 중 가장 많은 검사가 바로 자폐척도검사와 ADHD 척도검사다. 기관에서 어렵지 않게 사용할 수 있다. 해당 검사와 이에 대한 설명은 베이비뉴스, 2018년 6월 28일자 "아동발달 검사에는 어떤 종류가 있을까?"에서 인용. https://www.ibabynews. com/news/articleView.html?idxno=66274

10 이 두 가지 검사 외에도 부모-자녀 관계 검사는 다양하다. 관련 내용은 이경숙·박진아·이미리·신유림(2013), 「한국판부모자녀관계척도 신뢰도 및 타당도 연구」, 『한국심리학회』, 441-458쪽을 참조하기 바란다.

11 이 검사는 정경미·이경숙·박진아가 개발한 부모 양육 스트레스를 살피기 위한 검사다. http://inpsyt.co.kr/psy/item/view/KPSI4_CO_PG

12 김정미 박사가 개발한 K-PET는 온·오프라인 모두에서 진행 가능하다.

13 머니투데이, 2020년 2월 11일자 "테크빌교육 '부모공감', 영유아 부모자녀 관계 검사(PRT) 서비스 오픈" 기사 중에서 일부 인용. https://news.mt.co.kr/mtview.php?no=2020021110363437438

14 영유아 교사의 현황과 교사의 감정노동에 대해서는 김미향·이현진(2016), 「사립 유치원 교사들이 경험하는 부모와의 관계 탐색: 감정노동의 관점에서」, 『열린부모교육연구』8(1), 79-104쪽을 참고하라.

15 이향옥(2011), 「어린이집 영유아를 위한 부모개별상담의 현황과 개선방안에 관한 연구」, 성균관대학교 석사학위논문, 27쪽 표 '부모개별상담이 필요한 이유에 대한 부모 인식' 수정

16 위의 논문, 28쪽 표 '부모개별상담에 대한 부모의 만족도' 수정

17 박사빈(2019), 「어린이집 학부모 민원 유형과 원장의 대처방안 모색」, 『한국영유아보육학』 제117집, 127-152쪽. 148쪽 v '빈번하게 발생하는 민원' 재구성

18 이형옥(2019), 「어린이집 영유아를 위한 부모개별상담의 현황과 개선방안에 관한 연구」, 성균관대학교 석사학위논문, 60-64쪽.

19 강문숙(2008), 「보육교사의 직무에 대한 내용분석 및 인식조사」, 부산대학교 석사학위논문.

20 영유아 부모 상담의 효율을 높이기 위한 자료 사용의 의의에 대해서는 우진경(2018), 「유아교사의 경험을 통해 본 효과적 학부모 상담을 위한 전제조건과 상담전략」, 『유아교육학논집』 22(2), 259-284쪽을 보라.

21 이건형(2019), 「유아교육기관 학부모 상담에서 상담전문가 활용에 대한 연구」, 국제뇌교육종합대학원대학교 석사학위논문, 44쪽.

22 이건형(2019), 69쪽 표 '영유아 학부모 상담 서비스의 주요 흐름(로드맵)'

23 김보영(2013), 학부모 역할 내용을 표로 정리; 류왕효(1999), 「학부모역할 기대에 관한 유치원 학부모 의견조사연구」, 『사회과학연구』 6(3), 265-284쪽. 류왕효의 부모 역할 중

재정후원자는 「김영란법」 제정 이전에 나온 내용임에도 부모의 역할 중 교사들이 가장 거부하는 역할이기도 했다.

24 곽윤숙(2020), 「문헌연구에 나타난 유치원교사가 인식하는 교사: 학부모관계와 그 관계를 형성하는 사회적 맥락에 대한 탐색적 연구」, 『미래유아교육학회지』 27(2), 129-151쪽.

25 권미량·하연희(2014), 「유아교육기관의 부모와 교사의 관계성 탐색」, 『유아교육연구』 34(4), 281-302쪽.

26 이경화·손유진(2015), 「유아교사의 부모에 대한 메타포 의미 분석」, 『유아교육연구』 35(3), 5-25쪽.

27 Katz, L. G. (1970), Teaching in Preschools: Roles and Goles. Young Children, 17, pp. 42-48; Spodek, B. (1985), Teaching in the early years (3rd ed.), NJ: Prentice-Hall; Saracho, O. N. (1988), A study of the roles of early childhood teacher, Early Child Development and Care, 38, pp. 43-56; 이연섭(1992), 『유아교육론』, 서울: 정민사; 이희경·김성수(2000), 「유아교사의 역할 Q-set개발 연구」, 『유아교육학논집』 4(1), 27-54쪽.

28 이경화(2001), 「부모에 대한 유치원교사의 이야기」, 『교육인류학연구』 4(3), 179-199쪽.

29 영유아 교사의 자질 내용과 교사와 학부모의 인식에 대해서는 노명숙·송화진(2019), 「영유아교사 자질에 대한 교사·학부모 인식과 대인관계능력 연구」; Asia-pacific Journal of Multimedia Services Convergent with Art, Humanities, and Sociology, 9(4), pp. 11-22를 참조하라.

30 유아 교사의 직무소진 관리능력을 전문적 자질로 볼 것인가에 대해서는 신윤정·이희영(2020), 「유아교사의 회복탄력성이 직무소진과 직무성과에 미치는 영향」, 『학습자중심교과교육연구』 20(11), 215-235쪽을 참조하라.

31 손은정(2016), 「유아교사의 공감능력 및 정서표현성과 유아교사-부모간 의사소통 수준과의 관계」, 아주대학교 석사학위논문.

32 임우영·안선희(2011), 「유아교사-부모 협력과 교사-유아 상호작용간의 관계」, 『미래유아교육학회지』 18(4), 323-350쪽.

33 교사-부모 파트너십 행동을 위해 필요한 항목들에 대해서는 다음 논문을 참고하라. Hoover-Dempsey, K. V. & Sandler, H. M. (1995), Parental involvement in children's education: Why does it make a difference? Teachers College Records, 97, pp. 310-331; 강영식·박창옥(2016), 「유아의 숲 체험 교육이 관찰력과 자기통제에 미치는 영향」, 『예술인문사회융합멀티미디어논문지』 6(6), 241-250쪽.

34 최해주·문수백(2013), 「보육교사의 직무만족도, 원장의 변혁적 지도성, 그리고 부모-

교사 협력관계와 교사-유아 상호작용간의 관계구조분석」,『미래유아교육학회지』20(3), 69-88쪽.

35 Bryan, J. (2005), Fostering educational resilience and achievement in urban schools through school-family community partnerships. Professional School Counseling, 8(3), pp. 219-227; 이점자 · 김형모(2012),「보육교사의 효능감이 직무만족에 미치는 영향: 국공립어린이집과 민간어린이집 보육교사의 비교분석」,『한국보육지원학회지』8(2), 101-120쪽.

36 영유아 교육기관에서의 부모참여에 관해서는 이순형 · 민하영 · 권혜진 · 정윤주 · 한유진 · 최윤경 · 권기남(2010),『부모교육』, 학지사, 200-217쪽을 참고하라.

37 정계숙 · 윤갑정 · 손환희(2015),「부모-교사 파트너십에 대한 유아교사의 주관적 태도 분석: Q-방법론의 적용」,『유아교육학논집』19(2), 243-272쪽. 표는 이 논문의 내용을 정리한 것이다.

38 임우영 · 안선희(2011), 328쪽.

39 교사-부모 파트너십을 측정하기 위해 안선희 · 임우영(2011)이 번역한 오웬, 웨어, 바풋(Owen, Ware, Barfoot, 2000)이 개발한 교사용 The caregiver-parent partnership scale를 사용했다.

40 김영옥(2012),『부모교육』, 경기: 공동체.

41 신혜진(2018),「학부모가 인식한 유치원 교사의 부모 상담 역량에 대한 분석」, 국민대학교 석사학위논문.

42 이은영(2016),「스마트기기 활용 부모-교사 의사소통에 대한 교사의 인식과 직무스트레스와의 관계」, 아주대학교 석사학위논문.

43 하유나(2014),「모바일 인스턴트 메신저를 활용한 교사-부모 의사소통 현황과 인식」, 덕성여자대학교 대학원 석사학위논문.

44 이소현 · 이은정 · 안은정 · 모아라(2019),「예비영유아교사의 소외감과 SNS 사용정도가 SNS로 인한 업무방해에 미치는 영향」,『디지털콘텐츠학회논문지』20(10), 1987-1993쪽.

45 임경심(2018),『예비유아교사의 부모 상담 역량 강화 프로그램 개발 및 효과: 부모교육 교과를 중심으로』, 전남대학교 박사학위논문, 17쪽.

46 황현주(2013),「유치원개인면담의 현황 및 부모와 부모의 요구」, 이화여자대학교대학원 석사학위논문.

참고문헌

강문숙(2008). 「보육교사의 직무에 대한 내용분석 및 인식조사」, 부산대학교 석사학위논문.

강영식 · 박창옥(2016). 「유아의 숲 체험 교육이 관찰력과 자기통제에 미치는 영향」,
　　『예술인문사회융합멀티미디어논문지』 6(6), 241-250쪽.

강은주(2007). 「부모 자녀 관계 중심 부모상담모형 구안」. 한국교원대학교 대학원 석사학위논문.

게리 채프먼(2010), 『5가지 사랑의 언어』, 생명의 말씀사.

고재현(2007). 「유아상담에 대한 유치원 교사의 인식에 관한 연구」. 가톨릭대학교 상담심리대학원
　　석사학위논문.

곽윤숙(2020), 「문헌연구에 나타난 유치원교사가 인식하는 교사: 학부모관계와 그 관계를
　　형성하는 사회적 맥락에 대한 탐색적 연구」, 『미래유아교육학회지』 27(2), 129-151쪽.

권미량 · 하연희(2014). 「유아교육기관의 부모와 교사의 관계성 탐색」, 『유아교육연구』 34(4),
　　281-302쪽.

김관용(2009). 「놀이치료에서의 부모상담 실태조사 연구」. 놀이치료연구. 12(1), 47-63쪽.

김남섭(2004). 「담임교사의 상담과 역할 수행과 기대에 관한 연구」. 경희대학교 교육대학원
　　석사학위논문.

김미선(2012). 「보육시설을 이용하는 맞벌이 부모의 아동양육 상담요구」. 대전대학교 대학원
　　석사학위논문.

김미향 · 이현진(2016), 「사립 유치원 교사들이 경험하는 부모와의 관계 탐색: 감정노동의
　　관점에서」, 『열린부모교육연구』 8(1), 79-104쪽.

김보영(2013).「교사-부모 관계에서 경험하는 유치원교사의 어려움」. 경남대학교 교육대학원 석사학위논문.

김영심(2021).「코로나19가 수도권 어린이집 원장의 삶과 어린이집 운영에 미치는 영향」. 『미래유아교육학회지』28(4), 227-251쪽.

김영옥(2012), 『부모교육』, 경기: 공동체.

김옥경(2010).「어린이집 부모교육 실태와 어머니 및 보육교사의 부모교육에 대한 인식: 김포시 가정, 민간 어린이집을 중심으로」. 명지대학교 사회복지대학원 석사학위논문.

김현미(2012).「어린이집 교사와 부모가 지각한 부모상담에 대한 인식 및 요구도 어린이집 부모상담」. 전북대학교 일반대학원 석사학위논문.

류왕효(1999), 「학부모역할 기대에 관한 유치원 학부모 의견조사연구」, 『사회과학연구』6(3), 265-284쪽.

머니투데이, 2020년 2월 11일자 "테크빌교육 '부모공감', 영유아 부모자녀 관계 검사(PRT) 서비스 오픈". https://news.mt.co.kr/mtview.php?no=2020021110363437438

문수백(2014), 『한국판 표준화 KABC-Ⅱ 전문가 지침서』, 학지사.

박근주(2006). 『선생님, 전 이렇게 상담했어요: 현장교사를 위한 상담사례의 실제』. 양서원.

박사빈(2019), 「어린이집 학부모 민원 유형과 원장의 대처방안 모색」, 『한국영유아보육학』 제117집, 127-152쪽.

박선민(2017).「영유아 통합예술교육 프로그램 대한 학부모 인식 및 요구 조사 연구」. 『예술인문사회 융합 멀티미디어 논문지』7(9), 통권 35호, 623-638쪽.

박정란(2006).「어린이집 원아의 생활지도를 위한 어린이집 교사와 어머니 간의 상담 내용분석」. 고신대학교 교육대학원 석사학위논문.

박진아·이경숙(2015).「어린이집 아동학대에 대한 보육교사의 경험, 인식 및 상담요구도에 관한 연구: 포커스 그룹 인터뷰를 중심으로」, 『유아교육연구』35(3), 27-54쪽.

보건복지부(2019). 『보육사업안내』. 서울: 보건복지부.

베이비뉴스, 2018년 6월 28일자 "아동발달검사에는 어떤 종류가 있을까?". https://www.ibabynews.com/news/articleView.html?idxno=66274

손은정(2016), 「유아교사의 공감능력 및 정서표현성과 유아교사-부모간 의사소통 수준과의 관계」, 아주대학교 석사학위논문.

송연실(2020). 「가정어린이집 부모상담에 대한 실태 및 요구조사 연구: 대전광역시를 중심으로」.
공주교육대학교 석사학위논문.

송화진(2019), 「영유아교사 자질에 대한 교사 · 학부모 인식과 대인관계능력 연구」; Asia-
pacific Journal of Multimedia Services Convergent with Art, Humanities, and
Sociology, 9(4), 11-22.

신윤정 · 이희영(2020). 「유아교사의 회복탄력성이 직무소진과 직무성과에 미치는 영향」,
『학습자중심교과교육연구』 20(11), 215-235쪽.

신혜진(2018), 「학부모가 인식한 유치원 교사의 부모상담 역량에 대한 분석」, 국민대학교
석사학위논문.

안준영(2013). 「부모개별상담에 대한 교사의 인식: 어린이집 보육교사를 중심으로」. 수원대학교
사회복지대학원 석사학위논문.

오선영(2016). 「유아교육기관의 교사가 부모상담에서 겪는 어려움에 관한 연구」. 원광대학교
교육대학원 석사학위논문.

우진경(2018), 「유아교사의 경험을 통해 본 효과적 학부모 상담을 위한 전제조건과 상담전략」,
『유아교육학논집』 22(2), 259-284쪽.

유연화(2016). 『영유아 교사를 위한 부모상담의 실제』. 공동체.

윤영숙(2013). 「어린이집 원장의 영유아상담역량강화 프로그램 개발 및 효과」. 명지대학교 대학원
석사학위논문.

이건형(2019), 「유아교육기관 학부모 상담에서 상담전문가 활용에 대한 연구」,
국제뇌교육종합대학원대학교 석사학위논문, 44쪽.

이경숙 · 박진아 · 이미리 · 신유림(2013), 「한국판부모자녀관계척도 신뢰도 및 타당도 연구」,
『한국심리학회』 18(3), 441-458쪽.

이경화(2001), 「부모에 대한 유치원교사의 이야기」, 『교육인류학연구』 4(3), 179-199쪽.

이경화 · 손유진(2015), 「유아교사의 부모에 대한 메타포 의미 분석」, 『유아교육연구』 35(3),
5-25쪽.

이선희 · 이승연(2016). 「영아와의 상호작용에 있어서 어머니와 교사의 민감성에 대한 개념적
고찰」. 한국유아교육학회 정기학술발표논문집 2016(1), 200-200.

이소현 · 이은정 · 안은정 · 모아라(2019), 「예비영유아교사의 소외감과 SNS 사용정도가 SNS로 인한 업무방해에 미치는 영향」, 『디지털콘텐츠학회논문지』 20(10), 987-1993쪽.

이순형 · 민하영 · 권혜진 · 정윤주 · 한유진 · 최윤경 · 권기남(2010), 『부모교육』, 학지사, 200-217쪽.

이연섭(1992), 『유아교육론』, 서울: 정민사.

이은영(2016), 「스마트기기 활용 부모-교사 의사소통에 대한 교사의 인식과 직무스트레스와의 관계」, 아주대학교 석사학위논문.

이점자 · 김형모(2012), 「보육교사의 효능감이 직무만족에 미치는 영향: 국공립어린이집과 민간어린이집 보육교사의 비교분석」, 『한국보육지원학회지』 8(2), 101-120쪽.

이향옥(2011), 「어린이집 영유아를 위한 부모개별상담의 현황과 개선방안에 관한 연구」, 성균관대학교 교육대학원 석사학위논문.

이희경 · 김성수(2000), 「유아교사의 역할 Q-set개발 연구」, 『유아교육학논집』 4(1), 27-54쪽.

임경심(2018), 『예비유아교사의 부모상담 역량 강화 프로그램 개발 및 효과: 부모교육 교과를 중심으로』, 전남대학교 박사학위논문.

임우영 · 안선희(2011), 「유아교사-부모 협력과 교사-유아 상호작용간의 관계」, 『미래유아교육학회지』 18(4), 323-350쪽.

정계숙 · 윤갑정 · 손환희(2015), 「부모-교사 파트너십에 대한 유아교사의 주관적 태도 분석: Q-방법론의 적용」, 『유아교육학논집』 19(2), 243-272쪽.

정효진(2013), 『어린이집 부모상담내용 분석』, 중앙대학교 대학원 석사학위논문.

주선영(2001), 「놀이치료에서의 부모상담 현황 및 부모상담에 대한 상담자, 부모의인식연구」, 숙명여자대학교 대학원 석사학위논문.

주화순(2009), 「유치원 교사의 상담활동에 대한 부모의 기대와 만족도」, 공주대학교 교육대학원 석사학위논문.

최해주 · 문수백(2013), 「보육교사의 직무만족도, 원장의 변혁적 지도성, 그리고 부모-교사 협력관계와 교사-유아 상호작용간의 관계구조분석」, 『미래유아교육학회지』 20(3), 69-88쪽.

최희정(2009), 「가정보육시설의 부모교육 실태 및 요구조사」, 경남대학교 대학원 석사학위논문.

프로이드심리검사연구소(2015), 『영유아발달검사』, EBS미디어.

하유나(2014), 「모바일 인스턴트 메신저를 활용한 교사-부모 의사소통 현황과 인식」, 덕성여자대학교 대학원 석사학위논문.

한국심리주식회사, K-WPPSI-IV(한국 웩슬러 유아지능검사) 기술지침서. http://www.koreapsy.co.kr/shop/detail.php?zipEncode==0tB15umLrxyJzsm9u2zHb3DV5MjZatn90wDU91DLLMDMetpSfMvWLME

한국청소년상담원(2009). 『영유아 부모교육 프로그램』. 한국청소년상담복지개발원.

황현주(2013). 「유치원 개인면담의 현황 및 교사와 부모의 요구」. 이화여자대학교 대학원 석사학위논문.

Beger, E. H. (1987), *Parent as Partnershis in education: The schools and homeworking together* (2nd ed), Columbus, OH: Merrill.

Bryan, J. (2005), Fostering educational resilience and achievement in urban schools through school-family community partnerships. *Professional School Counseling*, 8(3), 219-227.

Henderson (1988), Parents are a school's best friends, *Phi Delta Kappan*, 70, 148-153.

Hoover-Dempsey, K. V. & Sandler, H. M. (1995), Parental involvement in children's education: Why does it make a di erence? *Teachers College Records*, 97, 310-331.

Katz, L. G. (1970), Teaching in Preschools: Roles and Goles. *Young Children*, 17, 42-48.

Olivia, O. N. (1988), A study of the roles of early childhood teacher, *Early Child Development and Care*, 38, 43-56.

Owen, M. T. Ware, A. M. & Barfoot B. (2000). Caregiver-mother partnershop behavior and the quality of caregoiver-child and mother-child interaxtions. Early Childhood Research Quarterly, 15(3), 413-428.

Rabin, A. I. (1965), Motivation for Parenthood, *Journal of Projective Techniques and Personality Assessment*, 29(4): 405–413.

Spodek, B. (1985), *Teaching in the early years* (3rd ed.), NJ: Prentice-Hall; Saracho.

https://www.youtube.com/watch?v=RiQTdP7M1Ug&list=PLxMvA_Mg4-iZ352j3eUUaDulxlkP7EbGw

https://www.korea.kr/news/pressReleaseView.do?newsId=156138744

https://blog.naver.com/ruiseme/70179901223

https://m.blog.naver.com/syy156/222168026435

http://inpsyt.co.kr/psy/item/view/KPSI4_CO_PG